PABLO NERUDA
(1904-1973)

RICARDO NEFTALÍ REYES BASOALTO nasceu na cidade chilena de Parral, em 12 de julho de 1904. Sua mãe era professora e morreu logo após o nascimento do filho. Seu pai, que era ferroviário, mudou-se para a cidade de Temuco, onde se casou novamente. Ricardo passou a infância perto de florestas, em meio à natureza virgem, o que marcaria para sempre seu imaginário, refletindo-se na sua obra literária.

Com treze anos, começou a contribuir com alguns textos para o jornal *La Montaña*. Foi em 1920 que surgiu o pseudônimo Pablo Neruda – uma homenagem ao poeta tchecoslovaco Jan Neruda. Vários dos poemas desse período estão presentes em *Crepusculário*, o primeiro livro do poeta, publicado em 1923.

Além das suas atividades literárias, Neruda estudou francês e pedagogia na Universidade do Chile. No período de 1927 a 1935, trabalhou como diplomata, vivendo em Burma, Sri Lanka, Java, Cingapura, Buenos Aires, Barcelona e Madri. Em 1930, casou-se com María Antonieta Hagenaar, de quem se divorciaria em 1936. Em 1955, conheceu Matilde Urrutia, com quem ficaria até o final da vida.

Em meio às turbulências políticas do período entreguerras, publicou o livro que marcaria um novo período em sua obra, *Residência na terra* (1933). Em 1936, o estouro da Guerra Civil Espanhola e o assassinato de García Lorca aproximaram o poeta chileno dos republicanos espanhóis, e ele acabou destituído de seu cargo consular. Em 1943, voltou ao Chile, e, em 1945 foi eleito senador da república, filiando-se ao partido comunista chileno. Teve de viver clandestinamente em seu próprio país
exilar-se, em 1949. Um
co e clandestinamente r
de ser o título mais céle

de poesia telúrica que exalta poderosamente toda a vida do Novo Mundo, denuncia a impostura dos conquistadores e a tristeza dos povos explorados, expressando um grito de fraternidade através de imagens poderosas.

Após viver em diversos países, Neruda voltou ao Chile em 1952. Muito do que ele escreveu nesse tempo tem profundas marcas políticas, como é o caso de *As uvas e o vento* (1954), que pode ser considerado o diário de exílio do poeta. Em 1971, Pablo Neruda recebeu a honraria máxima para um escritor, o Prêmio Nobel de Literatura. Morreu em Santiago do Chile, em 23 de setembro de 1973, apenas alguns dias após o golpe militar que depusera da presidência do país o seu amigo Salvador Allende.

LIVROS DO AUTOR PUBLICADOS PELA **L&PM** EDITORES:

A barcarola
Cantos cerimoniais (Edição bilíngue)
Cem sonetos de amor (Edição bilíngue)
O coração amarelo (Edição bilíngue)
Crepusculário (Edição bilíngue)
Defeitos escolhidos & 2000 (Edição bilíngue)
Elegia (Edição bilíngue)
Jardim de inverno (Edição bilíngue)
Livro das perguntas (Edição bilíngue)
Memorial de Isla Negra
Residência na terra I (Edição bilíngue)
Residência na terra II (Edição bilíngue)
A rosa separada (Edição bilíngue)
Terceira residência (Edição bilíngue)
Últimos poemas (Edição bilíngue)
As uvas e o vento
Vinte poemas de amor e uma canção desesperada (Edição bilíngue)

PABLO NERUDA

VINTE POEMAS DE AMOR
E
UMA CANÇÃO DESESPERADA

Tradução do espanhol e apresentação de
José Eduardo Degrazia

EDIÇÃO BILÍNGUE

www.lpm.com.br
L&PM POCKET

Coleção **L&PM** POCKET, vol. 1333

Texto de acordo com a nova ortografia.
Título original: *Veinte poemas de amor y una canción desesperada*

Primeira edição na Coleção **L&PM** POCKET: novembro de 2020
Esta reimpressão: outubro de 2024

Tradução: José Eduardo Degrazia
Capa: Ivan Pinheiro Machado. *Ilustração*: Gilmar Fraga
Preparação: Mariana Donner da Costa
Revisão: Patrícia Yurgel

CIP-Brasil. Catalogação na publicação
Sindicato Nacional dos Editores de Livros, RJ.

N367v

Neruda, Pablo, 1904-1973
 Vinte poemas de amor e uma canção desesperada / Pablo Neruda; tradução e apresentação de José Eduardo Degrazia. – Porto Alegre [RS]: L&PM, 2024.
 128 p. ; 18 cm.   (Coleção L&PM POCKET; 1333)

 Tradução de: *Veinte poemas de amor y una canción desesperada*
 Edição bilíngue
 ISBN 978-65-5666-038-7

 1. Poesia chilena. I. Degrazia, José Eduardo. II. Título. III. Série.

20-64088   CDD: 868.9933
                   CDU: 82-1(83)

Leandra Felix da Cruz Candido - Bibliotecária - CRB-7/6135

© PABLO NERUDA and FUNDACIÓN PABLO NERUDA, 1924.

Todos os direitos desta edição reservados a L&PM Editores
Rua Comendador Coruja, 314, loja 9 – Floresta – 90.220-180
Porto Alegre – RS – Brasil / Fone: 51.3225.5777

PEDIDOS & DEPTO. COMERCIAL: vendas@lpm.com.br
FALE CONOSCO: info@lpm.com.br
www.lpm.com.br

Impresso no Brasil
Primavera de 2024

Sumário

APRESENTAÇÃO

Natureza, vida, amor e morte em Pablo
 Neruda – *José Eduardo Degrazia*......................7

LOS VEINTE POEMAS
OS VINTE POEMAS

1. Cuerpo de mujer... 24
1. Corpo de mulher... 25
2. En su llama mortal... 28
2. Na sua chama mortal... 29
3. Ah vastedad de pinos... 32
3. Ah, vastidão de pinos... 33
4. Es la mañana llena... 36
4. É a manhã cheia... 37
5. Para que tú me oigas... 40
5. Para que me escutes... 41
6. Te recuerdo como eras... 44
6. Eu lembro de ti como eras... 45
7. Inclinado en las tardes... 46
7. Inclinado nas tardes... 47
8. Abeja blanca zumbas... 50
8. Abelha branca zumbes... 51
9. Ebrio de trementina... 54
9. Bêbado de terebintina... 55

10. Hemos perdido aun este crepúsculo... 58
10. Nós perdemos até este crepúsculo... 59
11. Casi fuera del cielo... 62
11. Quase fora do céu... 63
12. Para mi corazón... 66
12. Para o meu coração... 67
13. He ido marcando con cruces... 70
13. Eu fui marcando com cruzes... 71
14. Juegas todos los días... 74
14. Brincas todos os dias... 75
15. Me gustas cuando callas... 80
15. Gosto quando tu calas... 81
16. En mi cielo al crepúsculo... 84
16. No meu céu ao crepúsculo... 85
17. Pensando, enredando sombras... 88
17. Pensando, enredando sombras... 89
18. Aquí te amo... 94
18. Aqui te amo... 95
19. Niña morena y ágil... 98
19. Menina morena e ágil... 99
20. Puedo escribir los versos más tristes... 102
20. Posso escrever os versos mais tristes... 103

La canción desesperada
A canção desesperada

Emerge tu recuerdo... 110
Emerge tua lembrança... 111

APRESENTAÇÃO

Natureza, vida, amor e morte em Pablo Neruda

José Eduardo Degrazia*

Ricardo Neftalí Reyes Basoalto nasce na cidade de Parral, no sul do Chile, no dia 12 de julho de 1904. Passa sua infância nesse mundo austral, de natureza chuvosa, fria, implacável, mundo dos índios araucanos e dos lagos e montanhas carregados de beleza e de valores míticos. Transfere-se com a família para Temuco, onde permanece até 1920 para completar o curso de humanidades. Desta fase, encontramos nas suas memórias – em verso, como em *Memorial de Isla Negra* (1964), e em prosa, como em *Confesso que vivi* (1974) – duas das principais influências que permeariam

---

* Escritor, tradutor e médico, autor de livros de poemas como *A urna guarani* (2016) e *Parábola para unicórnios* (2019). Verteu para o português, de Pablo Neruda, *Cantos cerimoniais, Crepusculário, Terceira residência, Jardim de inverno* e *Memorial de Isla Negra*. (N.E.)

praticamente toda a poesia do futuro poeta Pablo Neruda (nome que assume em 1920): a natureza sombria e luxuriante das florestas, a descoberta do amor, as viagens de trem levado pelo pai, o maquinista José del Carmen Reyes Morales. Da natureza recebe a visão dos ciclos de morte e de regeneração que será uma marca indelével em sua poesia até, pelo menos, *Residência na Terra* (1933).

Diz Neruda em *Confesso que vivi*: "Quem não conhece o bosque chileno não conhece esse planeta. Daquelas terras, daquele barro, daquele silêncio, eu saí a andar, a cantar pelo mundo". E também: "Talvez o amor e a natureza tenham sido desde muito cedo as jazidas de minha poesia". Margarita Aguirre, em *Genio y figura de Pablo Neruda*, reitera esta ideia: "Em Temuco, longínqua cidade ao sul do Chile, a voz de Pablo Neruda começou a procurar uma saída entre os grandes troncos mortos e as pedras colossais". A descoberta dessa natureza abrumadora e agônica fará com que desperte para a poesia o poeta envolvido pela atmosfera de natureza, vida, amor e morte que nunca o abandonará de todo, apesar das muitas mudanças de seus versos através dos anos e das muitas obras publicadas.

O erótico passa a ter, desde aqueles anos iniciais, um poder avassalador e referencial que consegue encontrar um caminho entre a destruição da natureza e o tempo inexorável. O amor passa a ser, na vida do Neruda dos primeiros anos, o que a História será a partir do final dos anos 1930: um fio condutor a fazer o poeta ligar-se às forças cósmicas da Natureza e da vida social. Neruda buscou integrar sua poesia em grandes ciclos cosmogônicos, iniciando na Natureza e no feminino, e completando-se com a visão histórica de *Canto geral*, sua obra épica, dos anos 1950.

No início dos anos 1920, Pablo Neruda muda-se para Santiago. "Provido de um baú de folha de flandres, com o indispensável traje negro de poeta, delgadíssimo e afilado como uma faca, entrei na terceira classe do trem noturno que levava um dia e uma noite para chegar a Santiago." Instalado na pensão da rua Maruri, número 513, isolado em sua solidão e imerso nos crepúsculos que via desde a janela, o poeta escreve os poemas do seu primeiro livro, *Crepusculário*, que será publicado em 1923. É um livro que o coloca na corrente do modernismo hispano-americano, na sua linha neorromântica.

O modernismo e o pós-modernismo na América tiveram grandes nomes que influenciaram Neruda, ou que seguiram a mesma escola, desde os cubanos Julián del Casal (1863-1893) e José Martí (1853-1895), o uruguaio Julio Herrera y Reissig (1875-1910), até os contemporâneos, como o mexicano Amado Nervo (1870-1919) e o também cubano José Ángel Buesa (1910-1982). Sobre todos pairava a grande força imagística e renovadora do nicaraguense Rubén Darío (1867-1916), o poeta de *Azul*. A poesia da América ibérica e da Espanha viu-se modificada pelo grande talento e pela criatividade desse autor, que deixaria sua marca indelével até nossos dias.

A poesia da adolescência e primeira juventude de Neruda está em três livros, tendo sido só o *Crepusculário* publicado em vida pelo autor; os outros são *Cadernos de Temuco* e *O rio invisível*. Nesses três cadernos está plasmada toda a poesia futura do poeta, mescla de solidão, amargura, revolta, agudo sentido da beleza e do mundo natural, e a imagem da mulher sempre presente. O próprio autor nos diz que escreveu *Crepusculário* imerso nos entardeceres da rua Maruri. Desse livro, o poema que atingiu rapidamente aceitação geral, que obrigava o poeta a recitá-lo sempre, tanto em assembleias de trabalhadores quanto para diplomatas e governantes foi "Farewell". Versos que, por sua melodia, profundidade, cadência melancólica e profunda meditação sobre o amor, ficam presos à nossa memória:

Desde o mais fundo de ti e ajoelhado
um menino triste, como eu, nos olha.

Por essa vida que arderá em tuas veias
teriam que amarrar-se nossas vidas.

Por essas mãos, que de tuas mãos são filhas,
teriam que matar-se as mãos tão minhas.

Por teus olhos abertos nessa terra
verei as lágrimas nos teus um dia.

[...]
Eu não o quero, Amada.

Para que nada nos amarre
que não nos una nada.

Nem a palavra que aromou tua boca
nem o que não disseram as palavras.

Nem a festa do amor que não tivemos,
nem teus soluços junto da janela.

[...]
(Amo o amor dos marinheiros
que beijam e se vão.

Deixam uma promessa
não voltam nunca mais.

Em cada porto uma mulher espera:
os marinheiros beijam e se vão.

Uma noite irão dormir com a morte
em seu leito de mar.

[...]

*Amo o amor que se reparte
em beijos, leite e pão.*

*Amor que pode ser eterno
e pode ser fugaz.*

*Amor que quer liberdade
para voltar a amar.*

*Amor divinizado que vem vindo,
amor divinizado que se vai.)*
[...]

Esse poema universal do amor terá continuidade no livro seguinte, *Veinte poemas de amor y una canción desesperada* (originalmente publicado em 1924). Juvencio Valle, citado por Matilde Urrutia*, diz: "uma juventude poderosa, úmida de símbolos e essências, finca de maneira tão funda seu tom pessoal na velha fonte do coração, que, desde ela, como desde a raiz de um amanhecer,

---

* *Veinte poemas de amor y una canción desesperada*. Madri: Seix Barral, 1977, p. 76.

surge um hino novo, trêmulo de graça e de frescura". Conta-nos o poeta, no seu livro de memórias: "*Veinte poemas de amor y una canción desesperada* é um livro doloroso e pastoril que contém minhas mais atormentadas paixões adolescentes, misturadas com a natureza envolvente do Sul de minha pátria. É um livro que amo porque, apesar de sua aguda melancolia, está presente nele o prazer de viver. Ajudaram-me a escrevê-lo um rio e sua desembocadura: o rio Imperial. *Veinte poemas de amor* é o romance de Santiago, com suas ruas estudantis, a universidade e o cheiro de madressilva do amor compartilhado".

Estes poemas tiveram uma aceitação imediata e levaram o poeta a ser conhecido no mundo todo. Poemas que tratam de amores conquistados e perdidos – quem quiser encontrar as origens femininas dos poemas, pode consultar o livro de Volodia Teitelboim, *Neruda*, mas acredito que mais importante do que personificar as jovens musas que foram a motivação dos poemas será entender a profunda amálgama entre amor e vida, amor e melancolia, os ganhos e as perdas das relações amorosas, tudo dentro de uma atmosfera nostálgica e melancólica, em que a natureza está sempre presente. De tom pós-modernista, usando a metrificação clássica e versos polimétricos, o ritmo e a cadência nos embalam em suas asas, em que som e sentido se encontram para festejar o amor, o sexo, a vida. A juventude encontra nesses versos toda a frescura dos amores dos primeiros anos. São muitos os versos deste livro que nos acompanham ressoando em nossa memória, versos que se tornaram clássicos e andaram o mundo inteiro repartido em muitas línguas e sensibilidades. Quem não lembra do poema 15?

> *Gosto quando tu calas porque estás como ausente,*
> *e me ouves desde longe, e minha voz não te toca.*
> *Parece como se teus olhos houvessem voado*
> *e parece que um beijo te fechara a boca.*
> *[...]*

Ou dos versos magníficos e tristes, cheios de paixão e melancolia, do poema 20:

> *Posso escrever os versos mais tristes esta noite.*

*Escrever, por exemplo: "A noite está estrelada,
e tiritam azuis, os astros, em sua distância".*

O vento da noite gira no céu e canta.

*Posso escrever os versos mais tristes esta noite.
Eu a quis, e às vezes ela também me queria.*

*Em noites como esta, a tive nos meus braços.
Beijei-a tantas vezes sob o céu infinito.
[...]*

Pode-se dizer que este poema tem tudo o que um bom poema precisa: a harmonia entre forma e conteúdo, entre rimo, som e sentido. É portador de uma verdade que só um jovem poeta pode alcançar quando abre sua alma sob o signo dos primeiros amores. Não que o poeta não tenha encontrado críticos. O romancista Mariano Latorre (1886-1955), citado por Arturo Marcelo Pascual em *El lector... de Pablo Neruda*, diz: "O romancista Mariano Latorre, por exemplo, taxou de excessivamente retórico e cerebral o sofrimento manifestado nos versos de

Neruda". Outros, também, o condenaram, como o espanhol Juan Ramón Jiménez (1881-1958), que o chamou de "um grande mau poeta". Muitos outros os secundaram, na polarização que se agudizou com o engajamento político de Neruda. Mas aí já estamos entrando nos outros grandes ciclos da poesia de Neruda.

Em 1927 Neruda parte para assumir seu posto consular em Rangum, então capital da Birmânia. No Oriente passa os tempos mais desolados de sua vida, mas escreve um novo ciclo na sua poesia: *Residência na Terra*. Como bem diz Margarita Aguirre, "Com *Residência na Terra*, Neruda se torna conhecido na Europa e sua fama começa a ser universal. Amado Alonso dedica a ele um extenso livro crítico: *Poesía y estilo de Pablo Neruda: Interpretación de una poesía hermética*. Faz notar Alonso que o que surpreende em *Residência na Terra* é a certeza de que seu sentimento não é uma postura adotada como boa para a construção de belas poesias, mas que é integralmente verdadeiro, porque responde a uma singularíssima visão, nítida e desolada, do mundo e da vida. [...] Vem na fria luz do relâmpago paralisado o incessante trabalho solapador da morte, o esforço suicida de todas as coisas por perderem sua identidade, o desabamento do levantado, a decomposição das formas, a cinza do tempo". Encontra aqui o poeta a visão de mundo que buscava desde sua infância e juventude, a cosmogonia que infunde na sua poesia um fulgor de vida e de morte que nunca mais o abandonará.

Dando continuidade à sua carreira diplomática, encontra-se Pablo Neruda na Espanha, em plena guerra civil, que matou mais de um milhão de pessoas e fez milhares de exilados. Nova transformação então ocorre em sua poesia, devido à visão da crueldade e da violência que levou ao fim a República. Nasce o poeta comprometido do livro *Terceira residência*, que tem no poema "Espanha no coração" um dos seus mais emblemáticos:

Explico algumas coisas

Perguntareis: e onde estão os lilases?
E a metafísica coberta de papoulas?
E a chuva que continuamente golpeava

*suas palavras penetrando-as
de buracos e pássaros?*

[...]

*E numa manhã tudo estava ardendo
e numa manhã as fogueiras
saíam da terra
devorando seres,
e desde este momento fogo,
pólvora desde esse momento.
E desde esse momento sangue.*

Esta nova etapa leva o poeta ao engajamento político que marca praticamente o restante de sua vida. Aderindo ao realismo socialista, escreve alguns poemas com essa intenção, mas nunca deixa de ser o poeta que sempre foi. Retorna muitas vezes às vertentes fundadoras de sua obra, tornando-se um dos maiores poetas do mundo. Ganha em 1971 o prêmio Nobel de literatura. Retorna ao Chile, da França, onde estava em cargo diplomático, vindo a falecer alguns dias depois do golpe militar que depôs Salvador Allende, em 1973.

VINTE POEMAS DE AMOR
E
UMA CANÇÃO DESESPERADA

LOS VEINTE POEMAS

OS VINTE POEMAS

1

Cuerpo de mujer, blancas colinas, muslos blancos,
te pareces al mundo en tu actitud de entrega.
Mi cuerpo de labriego salvaje te socava
y hace saltar el hijo del fondo de la tierra.

Fui solo como un túnel. De mí huían los pájaros
y en mí la noche entraba su invasión
    poderosa.
Para sobrevivirme te forjé como un arma,
como una flecha en mi arco, como una piedra en
    mi honda.

Pero cae la hora de la venganza, y te amo.
Cuerpo de piel, de musgo, de leche ávida y firme.
Ah los vasos del pecho! Ah los ojos de ausencia!
Ah las rosas del pubis! Ah tu voz lenta y triste!

1

Corpo de mulher, brancas colinas, coxas brancas,
te pareces com o mundo em tua atitude de entrega.
Meu corpo, camponês selvagem, te penetrava
fazendo saltar o filho do fundo da terra.

Fui só como um túnel. De mim fugiam os pássaros
e em mim a noite entrava em sua invasão
   poderosa.
Para sobreviver-me te forjei como uma arma,
como flecha no meu arco, como pedra em
   minha funda.

Mas vai chegar o momento da vingança, e te amo.
Corpo de pele, musgo, de leite ávido e firme.
Ah, os vasos do peito! Ah, teus olhos de ausência!
Ah, as rosas do púbis! Ah, tua voz lenta e triste!

Cuerpo de mujer mía, persistiré en tu gracia.
Mi sed, mi ansia sin límite, mi camino indeciso!
Oscuros cauces donde la sed eterna sigue,
y la fatiga sigue, y el dolor infinito.

Corpo de mulher minha, ficarei na tua graça.
Minha sede, ânsia sem margens, caminho indeciso!
Escuros leitos que a sede eterna continua,
e a fadiga que segue, e a dor que não termina.

2

En su llama mortal la luz te envuelve.
Absorta, pálida doliente, así situada
contra las viejas hélices del crepúsculo
que en torno a ti da vueltas.

Muda, mi amiga,
sola en lo solitario de esta hora de muertes
y llena de las vidas del fuego,
pura heredera del día destruido.

Del sol cae un racimo en tu vestido oscuro.
De la noche las grandes raíces
crecen de súbito desde tu alma,
y a lo exterior regresan las cosas en ti ocultas,
de modo que un pueblo pálido y azul
de ti recién nacido se alimenta.

2

Na sua chama mortal a luz te envolve.
Absorta, pálida dolorosa, posta
de frente às velhas hélices do crepúsculo
que em torno de ti dá voltas.

Muda, minha amiga,
só no sozinho desta hora de mortes
e completa pelas vidas do fogo,
pura herdeira de um dia destruído.

Do sol derrama um ramo em teu vestido escuro.
Da noite as grandes raízes
crescem de súbito desde a tua alma,
e ao exterior regressam as coisas em ti ocultas,
de modo que um povo pálido e azul
de ti recém-nascido se alimenta.

Oh grandiosa y fecunda y magnética esclava
del círculo que en negro y dorado sucede:
erguida, trata y logra una creación tan viva
que sucumben sus flores, y llena es de tristeza.

Ó, grandiosa e fecunda e magnética escrava
do círculo que em negro e dourado acontece:
erguida, trata e ganha uma criação tão viva
que sucumbem suas flores, plena de tristeza.

3

Ah vastedad de pinos, rumor de olas quebrándose,
lento juego de luces, campana solitaria,
crepúsculo cayendo en tus ojos, muñeca,
caracola terrestre, en ti la tierra canta!

En ti los ríos cantan y mi alma en ellos huye
como tú lo desees y hacia donde tú quieras.
Márcame mi camino en tu arco de esperanza
y soltaré en delirio mi bandada de flechas.

En torno a mí estoy viendo tu cintura de niebla
y tu silencio acosa mis horas perseguidas,
y eres tú con tus brazos de piedra transparente
donde mis besos anclan y mi húmeda ansia
    anida.

3

Ah, vastidão de pinos, rumor de folhas mortas,
lento jogo de luzes, campainha solitária,
boneca, crepúsculo caindo nos teus olhos,
um caracol terrestre, em ti a terra canta!

Minha alma foge nos rios que cantam em ti
como desejas tu e até onde tu queiras.
O meu caminho marca em teu arco de esperança
e atirarei em delírio meu bando de flechas.

Em minha volta vejo tua cintura e névoa
e teu silêncio acossa as horas perseguidas,
e és tu com teus braços de pedra transparente
onde meus beijos fundam e minha úmida ânsia
   aninha.

*Ah tu voz misteriosa que el amor tiñe y dobla
en el atardecer resonante y muriendo!
Así en horas profundas sobre los campos he visto
doblarse las espigas en la boca del viento.*

Ah, tua voz misteriosa que o amor tine e dobra
no entardecer ressoante em que vai morrendo!
Assim em horas de abismo vi sobre os campos
dobrarem-se as espigas na boca do vento.

4

*Es la mañana llena de tempestad
en el corazón del verano.*

*Como pañuelos blancos de adiós viajan las nubes,
el viento las sacude con sus viajeras manos.*

*Innumerable corazón del viento
latiendo sobre nuestro silencio enamorado.*

*Zumbando entre los árboles, orquestal y divino,
como una lengua llena de guerras y de cantos.*

*Viento que lleva en rápido robo la hojarasca
y desvía las flechas latientes de los pájaros.*

*Viento que la derriba en ola sin espuma
y sustancia sin peso, y fuegos inclinados.*

4

É a manhã cheia de tempestade
no coração do verão.

Viajam as nuvens como brancos lenços de adeus,
o vento move-as com suas viajantes mãos.

Inumerável coração do vento
batendo sobre nosso silêncio enamorado.

Zumbindo entre árvores, orquestral e divino,
como uma língua cheia de guerras e de cantos.

Vento que leva em rápido riacho a folhada
e desvia as flechas latejantes dos pássaros.

Vento que a derruba em onda sem espuma
e substância sem peso, e fogos inclinados.

*Se rompe y se sumerge su volumen de besos
combatido en la puerta del viento del verano.*

Quebra-se e se submerge seu volume de beijos combatido na porta do vento do verão.

5

Para que tú me oigas
mis palabras
se adelgazan a veces
como las huellas de las gaviotas en las playas.

Collar, cascabel ebrio
para tus manos suaves como las uvas.

Y las miro lejanas mis palabras.
Más que mías son tuyas.
Van trepando en mi viejo dolor como las yedras.

Ellas trepan así por las paredes húmedas.
Eres tú la culpable de este juego sangriento.

Ellas están huyendo de mi guarida oscura.
Todo lo llenas tú, todo lo llenas.

5

Para que me escutes
minhas palavras
adelgaçam-se às vezes
como pegadas de gaivotas pelas praias.

Colar, cascavel ébria
para tuas mãos suaves como as uvas.

E de longe vejo as minhas palavras.
Mais que minhas, são tuas.
Sobem na minha dor antiga como as heras.

Elas sobem assim pelas paredes úmidas.
Sendo tu a culpada do jogo sangrento.

Elas estão fugindo da minha cava escura.
Tudo tornas mais pleno, tudo tu completas.

*Antes que tú poblaron la soledad que ocupas,
y están acostumbradas más que tú a mi tristeza.*

*Ahora quiero que digan lo que quiero decirte
para que tú las oigas como quiero que me oigas.*

*El viento de la angustia aún las suele arrastrar.
Huracanes de sueños aún a veces las tumban.
Escuchas otras voces en mi voz dolorida.
Llanto de viejas bocas, sangre de viejas
  súplicas.
Ámame, compañera. No me abandones.
  Sígueme.
Sígueme, compañera, en esa ola de angustia.*

*Pero se van tiñendo con tu amor mis palabras.
Todo lo ocupas tú, todo lo ocupas.*

*Voy haciendo de todas un collar infinito
para tus blancas manos, suaves como las uvas.*

Antes de ti, povoaram a solidão que ocupas,
acostumadas mais que tu às tristezas minhas.

Quero que digam o que quero te dizer
já, para que ouças como quero que as escute.

O vento dessa angústia ainda sói arrastar.
Furacões de sonhos ainda, às vezes, as tombam.
Escutas outras vozes na dolorida voz
minha, pranto de velhas bocas, sangue de velhas
   súplicas.
Ama-me, companheira. Não me abandones.
   Segue-me.
Segue-me, companheira, nessa onda de angústia.

O teu amor vai tingindo as minhas palavras.
Tudo tu ocupas, ocupando tudo.

Vou fazendo com todas colar infinito
para tuas brancas mãos, suaves como as uvas.

6

Te recuerdo como eras en el último otoño.
Eras la boina gris y el corazón en calma.
En tus ojos peleaban las llamas del crepúsculo.
Y las hojas caían en el agua de tu alma.

Apegada a mis brazos como una enredadera,
las hojas recogían tu voz lenta y en calma.
Hoguera de estupor en que mi sed ardía.
Dulce jacinto azul torcido sobre mi alma.

Siento viajar tus ojos y es distante el otoño:
boina gris, voz de pájaro y corazón de casa
hacia donde emigraban mis profundos anhelos
y caían mis besos alegres como brasas.

Cielo desde un navío. Campo desde los cerros.
Tu recuerdo es de luz, de humo, de estanque en calma!
Más allá de tus ojos ardían los crepúsculos.
Hojas secas de otoño giraban en tu alma.

6

Eu lembro de ti como eras no último outono.
Eras a boina gris e o coração em calma.
Lutavam nos teus olhos chamas do crepúsculo.
E as folhas caindo dentro do fluido da tua alma.

Apegada aos meus braços como enredadeira,
as folhas recolhiam a tua voz lenta e em calma.
Fogueira de estupor onde minha sede ardia.
Doce jacinto azul torço sobre a minha alma.

Sinto viajar teus olhos e é distante o outono:
boina gris, voz de pássaro, coração de casa
para onde emigravam os meus profundos sonhos
e caíam meus beijos como alegres brasas.

Céu desde um navio. Campo desde as montanhas.
Tua lembrança é de luz, de névoa, de lago em calma!
Mais além dos teus olhos queimavam crepúsculos.
Folhas secas de outono giravam na tua alma.

7

Inclinado en las tardes tiro mis tristes redes
a tus ojos oceánicos.

Allí se estira y arde en la más alta hoguera
mi soledad que da vueltas los brazos como un
    náufrago.

Hago rojas señales sobre tus ojos ausentes
que olean como el mar a la orilla de un faro.

Sólo guardas tinieblas, hembra distante y mía,
de tu mirada emerge a veces la costa del espanto.

Inclinado en las tardes echo mis tristes redes
a ese mar que sacude tus ojos oceánicos.

7

Inclinado nas tardes atiro tristes redes
aos teus olhos oceânicos.

Ali se alonga e queima em altas fogueiras
a minha solidão nadando como um
   náufrago.

Faço sinais vermelhos aos teus olhos ausentes
que ondulam igual ao mar junto a um farol.

Só guardas trevas, fêmea minha e mais distante,
do teu olhar às vezes sobe as margens do espanto.

Inclinado nas tardes lanço tristes redes
ao mar que balança teus olhos oceânicos.

*Los pájaros nocturnos picotean las primeras estrellas
que centellean como mi alma cuando te amo.*

*Galopa la noche en su yegua sombría
desparramando espigas azules sobre el campo.*

Os pássaros noturnos bicam as primeiras estrelas
que brilham como minha alma quando te amo.

Galopa a noite na sua égua sombria
esparramando espigas azuis sobre o campo.

8

*Abeja blanca zumbas – ebria de miel – en
 mi alma
y te tuerces en lentas espirales de humo.*

*Soy el desesperado, la palabra sin ecos,
el que lo perdió todo, y el que todo lo tuvo.*

*Última amarra, cruje en ti mi ansiedad
 última.
En mi tierra desierta eres la última rosa.*

Ah silenciosa!

*Cierra tus ojos profundos. Allí aletea la noche.
Ah desnuda tu cuerpo de estatua temerosa.*

*Tienes ojos profundos donde la noche alea.
Frescos brazos de flor y regazo de rosa.*

8

Abelha branca zumbes – ébria de mel – na minha alma
e te retorces em lentas espirais de névoa.

Sou o desesperado, a palavra sem ecos,
o que já perdeu tudo, e o que tudo já teve.

Última amarra, range em ti minha ansiedade última.
Na minha terra vazia és derradeira rosa.

Ah, silenciosa!

Fecha os teus olhos fundos. Bate asas ali a noite.
Ah, desnuda o teu corpo de estátua medrosa.

Tens os olhos profundos onde a noite voa.
Frescos braços de flor e regaço de rosa.

Se parecen tus senos a los caracoles blancos.
Ha venido a dormirse en tu vientre una mariposa de
sombra.

Ah silenciosa!
He aquí la soledad de donde estás ausente.
Llueve. El viento del mar caza errantes gaviotas.

El agua anda descalza por las calles mojadas.
De aquel árbol se quejan, como enfermos, las hojas.
Abeja blanca, ausente, aún zumbas en mi
alma.
Revives en el tiempo, delgada y silenciosa.

Ah silenciosa!

Parecem os teus seios com os caracóis brancos.
Veio adormecer no teu seio uma borboleta de
 sombra.

Ah, silenciosa!
Eis aqui a solidão de onde ficas ausente.
Chove. O vento do mar caça errantes gaivotas.

Caminha a água descalça nas calçadas úmidas.
Queixam-se daquela árvore as folhas enfermas.
Abelha branca, ausente, ainda zumbes em minha
 alma.
Revives no tempo, delgada e silenciosa.

Ah, silenciosa!

9

Ebrio de trementina y largos besos,
estival, el velero de las rosas dirijo,
torcido hacia la muerte del delgado día,
cimentado en el sólido frenesí marino.

Pálido y amarrado a mi agua devorante
cruzo en el agrio olor del clima descubierto,
aún vestido de gris y sonidos amargos,
y una cimera triste de abandonada espuma.

Voy, duro de pasiones, montado en mi
    ola única,
lunar, solar, ardiente y frío, repentino,
dormido en la garganta de las afortunadas
islas blancas y dulces como caderas frescas.

9

Bêbado de terebintina e grandes beijos,
estival, o veleiro de rosas dirijo,
inclinado até a morte do fino dia,
cimentado num sólido mover marinho.

Pálido e amarrado à minha água devorante
cruzo o acre cheiro desse clima descoberto,
ainda vestido de cinza em sons amargos,
e uma cimeira triste de espuma sozinha.

Vou, duro de paixões, montado em minha
    onda única,
lunar, solar, ardente e frio mais repentino,
adormecido em gargantas de afortunadas
ilhas brancas e doces, os frescos bancos.

*Tiembla en la noche húmeda mi vestido de besos
locamente cargado de eléctricas gestiones,
de modo heroico dividido en sueños
y embriagadoras rosas practicándose en mí.*

*Aguas arriba, en medio de las olas externas,
tu paralelo cuerpo se sujeta en mis brazos
como un pez infinitamente pegado a mi alma
rápido y lento en la energía subceleste.*

Estremece na noite úmida minha roupa em beijos
loucamente pesados de gestões elétricas,
de modo heroico dividido em sonhos
e embriagadoras rosas praticando em mim.

Águas acima, em meio às ondas externas,
teu paralelo corpo sujeito em meus braços
como um peixe infinitamente preso na alma,
rápido e lento na energia abaixo do céu.

10

Hemos perdido aun este crepúsculo.
Nadie nos vio esta tarde con las manos unidas
mientras la noche azul caía sobre el mundo.

He visto desde mi ventana
la fiesta del poniente en los cerros lejanos.

A veces como una moneda
se encendía un pedazo de sol entre mis manos.

Yo te recordaba con el alma apretada
de esa tristeza que tú me conoces.

Entonces, dónde estabas?
Entre qué gentes?
Diciendo qué palabras?

10

Nós perdemos até este crepúsculo.
Ninguém nos viu esta tarde com as mãos unidas
enquanto a noite azul caía sobre o mundo.

Eu vi desde a minha janela
a festa do poente nas colinas distantes.

Às vezes, como uma moeda,
acendia-se um pedaço de sol nas minhas mãos.

Eu te recordava com minha alma apertada
desta tristeza em que tu me conheces.

Assim, por onde estavas?
Entre que pessoas?
Dizendo que palavras?

*Por qué se me vendrá todo el amor de golpe
cuando me siento triste, y te siento lejana?*

*Cayó el libro que siempre se toma en el crepúsculo,
y como un perro herido rodó a mis pies mi capa.*

*Siempre, siempre te alejas en las tardes
hacia donde el crepúsculo corre borrando estatuas.*

Por que me virá todo o amor subitamente
quando me sinto triste, e te sinto distante?

Caiu o livro que sempre se toma ao crepúsculo,
e como um cão ferido girou a minha capa.

Sempre, sempre te distancias pelas tardes
até onde o crepúsculo apaga as estátuas.

11

*Casi fuera del cielo ancla entre dos montañas
la mitad de la luna.
Girante, errante noche, la cavadora de ojos.
A ver cuántas estrellas trizadas en la charca.*

*Hace una cruz de luto entre mis cejas, huye.
Fragua de metales azules, noches de las calladas
   luchas,
mi corazón da vueltas como un volante loco.
Niña venida de tan lejos, traída de tan lejos,
a veces fulgurece su mirada debajo del cielo.
Quejumbre, tempestad, remolino de furia,
cruza encima de mi corazón, sin detenerte.
Viento de los sepulcros acarrea, destroza, dispersa
   tu raíz soñolienta.
Desarraiga los grandes árboles al otro lado de ella.
Pero tú, clara niña, pregunta de humo, espiga.*

11

Quase fora do céu ancora entre duas montanhas
a metade da lua.
Girante, errante noite, a coveira de olhos.
Ver quantas machucadas estrelas no lago.

Faz uma cruz de luto entre minhas sobrancelhas,
foge, forja de metais azuis, noites das caladas
    lutas,
meu coração volteia como um volante louco.
Menina vem de longe, trazida de longe,
às vezes fulgurantes olhos sob o céu.
Queixume, tempestade, redemoinho em fúria,
passa sobre o meu coração sem mais detença.
Vento dos sepulcros leva, destroça, dispersa tua
    raiz sonolenta.
Arranca as grandes árvores ao lado dela.
Mas tu, clara menina, pergunta de bruma e espiga.

*Era la que iba formando el viento con hojas
    iluminadas.
Detrás de las montañas nocturnas, blanco lirio de
    incendio,
ah nada puedo decir! Era hecha de todas las cosas.
Ansiedad que partiste mi pecho a cuchillazos,
es hora de seguir otro camino, donde ella no
    sonría.
Tempestad que enterró las campanas, turbio
    revuelo de tormentas
para qué tocarla ahora, para qué entristecerla.*

*Ay seguir el camino que se aleja de todo,
donde no esté atajando la angustia, la muerte,
    el invierno,
con sus ojos abiertos entre el rocío.*

Era a que ia formando o vento com folhas
 iluminadas.
Atrás das montanhas noturnas, branco lírio de
 incêndio,
ah, nada posso dizer! Era feita de todas as coisas.
Angústia que partiste o meu peito a punhais,
é hora de seguir outro caminho onde ela não
 sorria.
Ventania que enterrou os sinos, turvo
 revoar de tormentas
para que tocar nela agora e entristecê-la.

Ai, seguir o caminho que se afasta de tudo,
onde não abrevie a angústia, a morte,
 o inverno,
com seus olhos abertos na geada.

12

Para mi corazón basta tu pecho,
para tu libertad bastan mis alas.
Desde mi boca llegará hasta el cielo
lo que estaba dormido sobre tu alma.

Es en ti la ilusión de cada día.
Llegas como el rocío a las corolas.
Socavas el horizonte con tu ausencia.
Eternamente en fuga como la ola.

He dicho que cantabas en el viento
como los pinos y como los mástiles.
Como ellos eres alta y taciturna.
Y entristeces de pronto, como un viaje.

Acogedora como un viejo camino.
Te pueblan ecos y voces nostálgicas.

12

Para o meu coração basta o teu peito,
para tua liberdade as minhas asas.
Desde a minha boca chegará até o céu
o que estava dormindo sobre a tua alma.

Em ti está a ilusão de cada dia.
Chegas como a geada sobre as corolas.
O horizonte escavavas com tua ausência.
Eternamente em fuga como as ondas.

Disse que tu cantavas como o vento
como pinheiros e como mastaréus.
Eras como eles alta e taciturna.
Ficas tão triste logo como uma viagem.

Acolhedora como uma velha estrada.
Povoam-te ecos e vozes nostálgicas.

*Yo desperté y a veces emigran y huyen
pájaros que dormían en tu alma.*

Eu acordei, e às vezes, migram aves
fugitivas que adormeciam na tua alma.

13

*He ido marcando con cruces de fuego
el atlas blanco de tu cuerpo.
Mi boca era una araña que cruzaba
   escondiéndose.
En ti, detrás de ti, temerosa, sedienta.*

*Historias que contarte a la orilla del crepúsculo,
muñeca triste y dulce, para que no estuvieras triste.
Un cisne, un árbol, algo lejano y alegre.
El tiempo de las uvas, el tiempo maduro y frutal.*

*Yo que viví en un puerto desde donde te amaba.
La soledad cruzada de sueño y de silencio.
Acorralado entre el mar y la tristeza.
Callado, delirante, entre dos gondoleros inmóviles.*

13

Eu fui marcando com cruzes de fogo
o atlas branco do teu corpo.
Minha boca era uma aranha que passava
    escondendo-se.
Em ti, por trás de ti, temerosa e sedenta.

Lendas a te contar na margem do crepúsculo,
boneca triste e doce, para não ficares triste.
Um cisne, uma árvore, algo distante e feliz.
O tempo das uvas, o tempo maduro e frutífero.

Eu que vivi num porto de onde te amava.
A solidão cruzada de sonho e silêncio.
Encurralado entre o mar e a tristeza.
Calado, delirante, entre dois gondoleiros imóveis.

Entre los labios y la voz, algo se va muriendo.
Algo con las alas de pájaro, algo de angustia y de olvido.
Así como las redes no retienen el agua.
Muñeca mía, apenas quedan gotas temblando.
Sin embargo, algo canta entre estas palabras fugaces.
Algo canta, algo sube hasta mi ávida boca.
Oh poder celebrarte con todas las palabras de alegría.

Cantar, arder, huir, como un campanario en las manos de un loco.
Triste ternura mía, qué te haces de repente?
Cuando he llegado al vértice más atrevido y frío
mi corazón se cierra como una flor nocturna.

Entre os lábios e a voz, algo se vai morrendo.
Algo com asas de pássaro, algo de angústia e
 esquecimento.
Assim como as redes não aprisionam a água.
Boneca minha, apenas restam gotas estremecidas.
Algo canta, no entanto, entre essas palavras
 fugazes.
Algo canta, algo sobe para a minha ávida boca.
Ó, poder celebrar-te com palavras de alegria!

Cantar, arder, fugir, como um campanário nas
 mãos de um louco.
Triste ternura minha, o que te acontece de repente?
Quando cheguei ao vértice mais atrevido e frio
meu coração se fechou feito flor noturna.

14

Juegas todos los días con la luz del universo.
Sutil visitadora, llegas en la flor y en el agua.
Eres más que esta blanca cabecita que aprieto
como un racimo entre mis manos cada día.

A nadie te pareces desde que yo te amo.
Déjame tenderte entre guirnaldas amarillas.
Quién escribe tu nombre con letras de humo entre
   las estrellas del sur?
Ah déjame recordarte cómo eras entonces, cuando
   aún no existías.

De pronto el viento aúlla y golpea mi ventana
   cerrada.
El cielo es una red cuajada de peces sombríos.
Aquí vienen a dar todos los vientos, todos.
Se desviste la lluvia.

14

Brincas todos os dias com a luz do universo.
Sutil visitadora, chegas na flor e na água.
És mais que a cabecinha branca que aconchego
como um ramo entre minhas mãos de cada dia.

Com ninguém te pareces desde que te amo.
Deixa-me que te incline entre flores amarelas.
Quem escreve o teu nome com letras de bruma
    entre as estrelas do sul?
Deixa-me lembrar de ti como eras então,
    quando ainda não existias.

Rápido o vento geme e golpeia na minha janela
    fechada.
O céu é uma rede coagulada de peixes sombrios.
Aqui vêm dar todos os ventos, todos.
Desnuda-se a chuva.

Pasan huyendo los pájaros.
El viento. El viento.
Yo sólo puedo luchar contra la fuerza de los hombres.
El temporal arremolina hojas oscuras
y suelta todas las barcas que anoche amarraron al cielo.

Tú estás aquí. Ah tú no huyes.
Tú me responderás hasta el último grito.
Ovíllate a mi lado como si tuvieras miedo.
Sin embargo alguna vez corrió una sombra
    extraña por tus ojos.

Ahora, ahora también, pequeña, me traes
    madreselvas,
y tienes hasta los senos perfumados.
Mientras el viento triste galopa matando
    mariposas
yo te amo, y mi alegría muerde tu boca de
    ciruela.

Cuánto te habrá dolido acostumbrarte a mí,
a mi alma sola y salvaje, a mi nombre que todos
    ahuyentan.

Vão fugindo os pássaros.
O vento. O vento.
Eu só posso lutar contra a força dos homens.
O temporal redemoinha folhas escuras
e solta todas as barcas que de noite amarraram o céu.

Tu estás aqui. Ah, tu não foges.
Tu me responderás até o último grito.
Enovela-te ao meu lado como se tivesses medo.
Uma vez, no entanto, passou uma sombra
   estranha nos teus olhos.

Agora, agora também, pequena, me trazes
   madressilvas,
e tens, também, os seios perfumados.
Enquanto o vento triste galopa matando
   borboletas
eu te amo, e minha alegria morde tua boca de
   ameixa.

Quanto te doeu acostumar-te a mim,
à minha alma selvagem, ao meu nome que a
   todos afugenta.

Hemos visto arder tantas veces el lucero
    besándonos los ojos
y sobre nuestras cabezas destorcerse los crepúsculos
    em abanicos girantes.

Mis palabras llovieron sobre ti acariciándote.
Amé desde hace tiempo tu cuerpo de nácar
    soleado.
Hasta te creo dueña del universo.
Te traeré de las montañas flores alegres,
    copihues,
avellanas oscuras, y cestas silvestres de besos.

Quiero hacer contigo
lo que la primavera hace con los cerezos.

Vimos queimar tantas vezes a luz beijando-nos
   os olhos
e sobre nossas cabeças distorcer-se o crepúsculo
   em leques girantes.

Minhas palavras choveram sobre ti acariciando-te.
Amei desde há tempo teu corpo de nácar
   insolado.
Creio até que sejas dona do universo.
Trarei para ti das montanhas flores alegres,
   trepadeiras,
avelãs escuras, e cestas silvestres de beijos.

Quero fazer contigo
o que com as cerejas faz a primavera.

15

Me gustas cuando callas porque estás como ausente,
y me oyes desde lejos, y mi voz no te toca.
Parece que los ojos se te hubieran volado
y parece que un beso te cerrara la boca.

Como todas las cosas están llenas de mi alma
emerges de las cosas, llena del alma mía.
Mariposa de sueño, te pareces a mi alma,
y te pareces a la palabra melancolía.

Me gustas cuando callas y estás como distante.
Y estás como quejándote, mariposa en arrullo.
Y me oyes desde lejos, y mi voz no te
    alcanza:
déjame que me calle con el silencio tuyo.

15

Gosto quando tu calas porque estás como ausente,
e me ouves desde longe, e minha voz não te toca.
Parece como se teus olhos houvessem voado
e parece que um beijo te fechara a boca.

Como todas as coisas estão cheias da minha alma
emerges delas, plena da minha alma que te alia.
Borboleta de sonho, pareces com minha alma,
e te assemelhas à palavra melancolia.

Gosto quando tu calas e estás como distante.
E estás como queixosa, borboleta em arrulho.
E me ouves desde longe e minha voz não te
    alcança:
deixa-me que me cale com teu silêncio puro.

Déjame que te hable también con tu silencio
claro como una lámpara, simple como un anillo.
Eres como la noche, callada y constelada.
Tu silencio es de estrella, tan lejano y sencillo.

Me gustas cuando callas porque estás como ausente.
Distante y dolorosa como si hubieras muerto.
Una palabra entonces, una sonrisa bastan.
Y estoy alegre, alegre de que no sea cierto.

Deixa-me que te fale também com teu silêncio
claro como uma lâmpada, simples como um anel!
És como uma noite mais calada e constelada.
Teu silêncio é de estrela, simples, longe no céu.

Gosto quando tu calas porque estás como
   ausente.
Distante e dolorosa como se houvesses morrido.
Uma palavra então, um sorriso é o bastante.
E estou alegre, alegre de que não tenhas ido.

16

Paráfrasis a R. Tagore

En mi cielo al crepúsculo eres como una nube
y tu color y forma son como yo los quiero.
Eres mía, eres mía, mujer de labios dulces,
y viven en tu vida mis infinitos sueños.

La lámpara de mi alma te sonrosa los pies,
el agrio vino mío es más dulce en tus labios:
oh segadora de mi canción de atardecer,
cómo te sienten mía mis sueños solitarios!

Eres mía, eres mía, voy gritando en la brisa
de la tarde, y el viento arrastra mi voz viuda.
Cazadora del fondo de mis ojos, tu robo
estanca como el agua tu mirada nocturna.

16

Paráfrase a R. Tagore

No meu céu ao crepúsculo és como uma nuvem
e são, tua cor e forma, como eu as almejo.
Mulher de lábios doces, és minha, és toda minha,
e vivem na tua vida meus grandes desejos.

A lâmpada da minha alma te rosa os pés,
o amargo vinho meu é mais doce nos teus lábios;
ó, segadora da minha canção do entardecer,
como te sentem meus teus sonhos solitários!

És minha, és toda minha, eu grito em plena brisa
da tarde, e o vento arrasta a minha voz viúva.
Caçadora do fundo dos meus olhos, teu roubo
vai impedir como a água o teu olhar noturno.

En la red de mi música estás presa, amor mío,
y mis redes de música son anchas como el cielo.
Mi alma nace a la orilla de tus ojos de luto.
En tus ojos de luto comienza el país del sueño.

Na rede dessa música estás presa, amor,
são redes infinitas, o céu, minha música.
Minha alma nasce à beira dos teus olhos de luto.
Nos teus olhos de luto começa o país do sonho.

17

*Pensando, enredando sombras en la profunda
   soledad.
Tú también estás lejos, ah más lejos que
   nadie.
Pensando, soltando pájaros, desvaneciendo
   imágenes,
enterrando lámparas.
Campanario de brumas, qué lejos, allá arriba!
Ahogando lamentos, moliendo esperanzas
   sombrías,
molinero taciturno,
se te viene de bruces la noche, lejos de la ciudad.*

*Tu presencia es ajena, extraña a mí como una
   cosa.
Pienso, camino largamente, mi vida antes
   de ti.*

17

Pensando, enredando sombras na profunda
 solidão.
Tu também estás distante, ah, mais distante do
 que ninguém.
Pensando, soltando pássaros, desvanecendo
 imagens,
enterrando lâmpadas.
Campanário de brumas, que distante, lá acima!
Afogando lamentos, moendo esperanças
 sombrias,
moleiro taciturno,
se te chega a noite de bruços, distante da cidade.

Tua presença é alheia, desterrada de mim como
 uma coisa.
Penso, caminho longamente, minha vida antes
 de ti.

Mi vida antes de nadie, mi áspera vida.
El grito frente al mar, entre las piedras,
corriendo libre, loco, en el vaho del mar.
La furia triste, el grito, la soledad del mar.
Desbocado, violento, estirado hacia el cielo.

Tú, mujer, qué eras allí, qué raya, qué varilla
de ese abanico inmenso? Estabas lejos como ahora.
Incendio en el bosque! Arde en cruces azules.
Arde, arde, llamea, chispea en árboles de luz.
Se derrumba, crepita. Incendio. Incendio.
Y mi alma baila herida de virutas de fuego.
Quién llama? Qué silencio poblado de ecos?
Hora de la nostalgia, hora de la alegría, hora de la
    soledad,
hora mía entre todas!
Bocina en que el viento pasa cantando.
Tanta pasión de llanto anudada a mi cuerpo.

Sacudida de todas las raíces,
asalto de todas las olas!
Rodaba, alegre, triste, interminable, mi alma.

Minha vida antes de ninguém, minha áspera vida.
O grito frente ao mar em meio às pedras,
correndo livre, louco, na bruma do mar.
A fúria triste, o grito, a solidão do mar.
Desbocado, violento, estirado até o céu.

Tu, mulher que ali estavas, que tira, que vareta
desse leque infinito? Estavas distante como agora.
Incêndio no bosque! Arde em cruzes azuis.
Arde, arde, flamejante, faísca nas árvores de luz.
Vai caindo, crepitando. Incêndio. Incêndio.
E minha alma dança ferida com aparas de fogo.
Quem chama? Que silêncio povoado de ecos?
Hora da nostalgia, hora da alegria, hora da
    solidão,
hora minha entre todas!
Trombeta onde o vento passa cantando.
Tanta paixão de pranto junto ao meu corpo.

Sacudida em todas as raízes,
assalto de todas as ondas!
Girava, alegre, triste, interminável, minha alma.

*Pensando, enterrando lámparas en la profunda
 soledad.*
Quién eres tú, quién eres?

Pensando, enterrando lâmpadas na profunda
  solidão.
Quem és tu, quem és?

18

Aquí te amo.
En los oscuros pinos se desenreda el viento.
Fosforece la luna sobre las aguas errantes.
Andan días iguales persiguiéndose.

Se esciñe la niebla en danzantes figuras.
Una gaviota de plata se descuelga del ocaso.
A veces una vela. Altas, altas estrellas.

O la cruz negra de un barco.
Solo.
A veces amanezco, y hasta mi alma está húmeda.
Suena, resuena el mar lejano.
Éste es un puerto.
Aquí te amo.

18

Aqui te amo.
Nos escuros pinheiros desenreda-se o vento.
Fosforescente a lua sobre as águas errantes.
Dias comuns costumam seguir-nos sempre.

Liberando-se a névoa em dançantes figuras.
Uma gaivota de prata desprende-se do entardecer.
Às vezes uma vela. Altas, altas estrelas.

Ou a cruz de um barco.
Só.
Às vezes amanheço, e até minha alma está úmida.
Soa, ressoa o mar distante.
Este é um porto.
Aqui te amo.

Aquí te amo y en vano te oculta el horizonte.
Te estoy amando aún entre estas frías cosas.
A veces van mis besos en esos barcos graves,
que corren por el mar hacia donde no llegan.

Ya me veo olvidado como estas viejas anclas.
Son más tristes los muelles cuando atraca la tarde.
Se fatiga mi vida inútilmente hambrienta.
Amo lo que no tengo. Estás tú tan distante.

Mi hastío forcejea con los lentos crepúsculos.
Pero la noche llega y comienza a cantarme.
La luna hace girar su rodaja de sueño.

Me miran con tus ojos las estrellas más grandes.
Y como yo te amo, los pinos en el viento,
quieren cantar tu nombre con sus hojas de
   alambre.

Aqui te amo e em vão te oculta o horizonte.
Estou te amando ainda entre estas frias coisas.
Às vezes vão meus beijos nesses barcos graves,
que correm pelo mar até onde não chegam.

Já me sinto esquecido nessas velhas âncoras.
São mais tristes os portos quando chega a tarde.
Fatiga-se a minha vida inútil e faminta.
Eu amo o que não tenho. E tu estás distante.

Meu tédio forceja com os lentos crepúsculos.
Mas, ao chegar, a noite já começa a cantar.
A lua faz girar o seu círculo de sonho.

Olham-me com teus olhos as estrelas maiores.
E como eu te amo, os pinheiros, na ventania,
querem cantar teu nome com suas folhas de
    arame.

19

Niña morena y ágil, el sol que hace las frutas,
el que cuaja los trigos, el que tuerce las algas,
hizo tu cuerpo alegre, tus luminosos ojos
y tu boca que tiene la sonrisa del agua.

Un sol negro y ansioso se te arrolla en las hebras
de la negra melena, cuando estiras los brazos.
Tú juegas con el sol como con un estero
y él te deja en los ojos dos oscuros remansos.

Niña morena y ágil, nada hacia ti me acerca.
Todo de ti me aleja, como del mediodía.
Eres la delirante juventud de la abeja,
la embriaguez de la ola, la fuerza de la espiga.

Mi corazón sombrío te busca, sin embargo,
y amo tu cuerpo alegre, tu voz suelta y delgada.

19

Menina morena e ágil, o sol que fazia as frutas,
o que amadurece os trigais e retorce as algas,
fez o teu corpo alegre, teus luminosos olhos
e fez tua boca que tem o sorriso da água.

Um sol negro e ansioso que se enrola nos teus fios
de negra cabeleira, quando estiras os braços.
Tu brincas com o sol como se com um esteiro
e ele deixa nos teus olhos dois escuros remansos.

Menina morena e ágil, nada a ti me aproxima.
Tudo de ti me distancia, como do meio-dia.
És como a delirante juventude da abelha,
a embriaguez da onda, ou toda a força da espiga.

Meu coraçao sombrio te procura, mesmo assim,
amo teu corpo alegre, e tua voz livre e afinada.

Mariposa morena dulce y definitiva
como el trigal y el sol, la amapola y el agua.

Borboleta morena, doce e definitiva
como o trigal e o sol, uma papoula e a água.

20

Puedo escribir los versos más tristes esta noche.

*Escribir, por ejemplo: «La noche está estrellada,
y tiritan, azules, los astros, a lo lejos».*

El viento de la noche gira en el cielo y canta.

*Puedo escribir los versos más tristes esta noche.
Yo la quise, y a veces ella también me quiso.*

*En las noches como ésta la tuve entre mis brazos.
La besé tantas veces bajo el cielo infinito.*

*Ella me quiso, a veces yo también la quería.
Cómo no haber amado sus grandes ojos fijos.*

20

Posso escrever os versos mais tristes esta noite.

Escrever, por exemplo: "A noite está estrelada,
e tiritam, azuis, os astros, em sua distância".

O vento da noite gira no céu e canta.

Posso escrever os versos mais tristes esta noite.
Eu a quis, e às vezes ela também me queria.

Em noites como esta, a tive nos meus braços.
Beijei-a tantas vezes sob o céu infinito.

Ela me quis, às vezes, também eu a queria.
Como não ter amado seus grandes olhos fixos.

Puedo escribir los versos más tristes esta noche.
Pensar que no la tengo. Sentir que la he perdido.

Oír la noche inmensa, más inmensa sin ella.
Y el verso cae al alma como al pasto el rocío.

Qué importa que mi amor no pudiera guardarla.
La noche está estrellada y ella no está conmigo.

Eso es todo. A lo lejos alguien canta. A lo lejos.
Mi alma no se contenta con haberla perdido.

Como para acercarla mi mirada la busca.
Mi corazón la busca, y ella no está conmigo.

La misma noche que hace blanquear los mismos
*   árboles.*
Nosotros, los de entonces, ya no somos los mismos.

Ya no la quiero, es cierto, pero cuánto la quise.
Mi voz buscaba el viento para tocar su
*   oído.*

Posso escrever os versos mais tristes esta noite.
Pensar que não a tenho. Sentindo que a perdi.

Ouvir a noite imensa, mais imensa sem ela.
e o verso cai na alma como no campo o rocio.

E que importa se meu amor não pôde guardá-la.
A noite está estrelada e ela não está comigo.

Isso é tudo. Ao longe alguém canta. Na distância.
Minha alma não se contenta com tê-la perdido.

Como para aproximar-se o meu olhar a procura.
Meu coração a busca, e ela não está comigo.

A mesma noite que faz branquear as mesmas
   árvores.
Nós, os daquele tempo, já não somos os mesmos.

Já não a quero, é certo, mas quanto eu a queria.
Minha voz buscava o vento para tocar o seu
   ouvido.

*De otro. Será de otro. Como antes de
   mis besos.
Su voz, su cuerpo claro. Sus ojos infinitos.*

*Ya no la quiero, es cierto, pero tal vez la quiero.
Es tan corto el amor, y es tan largo el olvido.*

*Porque en noches como ésta la tuve entre mis
   brazos,
mi alma no se contenta con haberla perdido.*

*Aunque éste sea el último dolor que ella me causa,
y éstos sean los últimos versos que yo le escribo.*

De outro. Será de outro. Como era antes dos
 meus beijos.
Sua voz, seu corpo claro. Seus olhos infinitos.

Já não a quero, é certo, mas talvez ainda a queira.
É tão breve o amor para a imensidão do olvido.

Porque em noites como esta eu a tive entre os
 meus braços,
não se contenta a minha alma em a ter perdido.

Ainda que esta seja a última dor que ela me cause,
e estes sejam os últimos versos que eu lhe escrevo.

LA CANCIÓN DESESPERADA

A CANÇÃO DESESPERADA

Emerge tu recuerdo de la noche en que estoy.
El río anuda al mar su lamento obstinado.

Abandonado como los muelles en el alba.
Es la hora de partir, oh abandonado!

Sobre mi corazón llueven frías corolas.
Oh sentina de escombros, feroz cueva de náufragos!

En ti se acumularon las guerras y los vuelos.
De ti alzaron las alas los pájaros del canto.

Todo te lo tragaste, como la lejanía.
Como el mar, como el tiempo. Todo en ti fue
   naufragio!

Emerge tua lembrança da noite em que estou.
O rio amarra ao mar seu lamento obstinado.

Abandonado como os cais em plena aurora.
Hora é de partir, ó, abandonado!

Sobre o meu coração chovem frias corolas.
Lastros de escombros, a feroz cova de náufragos.

Em ti se acumularam as guerras e os voos.
De ti alçaram as asas dos pássaros do canto.

Tudo foste engolindo, até mesmo a distância.
Como o mar e o tempo, tudo em ti foi
   naufrágio!

Era la alegre hora del asalto y el beso.
La hora del estupor que ardía como un faro.

Ansiedad de piloto, furia de buzo ciego,
turbia embriaguez de amor, todo en ti fue
    naufragio!

En la infancia de niebla mi alma alada y herida.
Descubridor perdido, todo en ti fue naufragio!

Te ceñiste al dolor, te agarraste al deseo.
Te tumbó la tristeza, todo en ti fue naufragio!

Hice retroceder la muralla de sombra,
anduve más allá del deseo y del acto.

Oh carne, carne mía, mujer que amé y perdí,
a ti en esta hora húmeda, evoco y hago canto.

Como un vaso albergaste la infinita ternura,
y el infinito olvido te trizó como a un vaso.

Era a alegre hora do envolvimento e do beijo.
A hora do espanto queimando como um farol.

Ânsia de piloto, fúria do mergulhador cego,
turva embriaguez de amor, tudo em ti foi
   naufrágio!

Na minha infância em névoa a alma alada e ferida.
Achador perdido, tudo em ti foi naufrágio!

Envolvida na dor, te agarraste ao desejo.
Tombou-te a tristeza, tudo em ti foi naufrágio!

Eu fiz retroceder a muralha de sombra,
e fui mais longe do que o desejo e do que o ato.

Ó, carne, carne minha, mulher que amei e perdi,
para ti nesta hora úmida, evoco e faço o canto.

Como um vaso acolheste a infinita ternura,
infinito olvido quebrou-te como a um vaso.

Era la negra, negra soledad de las islas,
y allí, mujer de amor, me acogieron tus brazos.

Era la sed y el hambre, y tú fuiste la fruta.
Era el duelo y las ruinas, y tú fuiste el milagro.

Ah mujer, no sé cómo pudiste contenerme
en la tierra de tu alma, y en la cruz de tus brazos!

Mi deseo de ti fue el más terrible y corto,
el más revuelto y ebrio, el más tirante y ávido.

Cementerio de besos, aún hay fuego en tus tumbas,
aún los racimos arden picoteados de pájaros.

Oh la boca mordida, oh los besados miembros,
oh los hambrientos dientes, oh los cuerpos trenzados.

Oh la cópula loca de esperanza y esfuerzo
en que nos anudamos y nos desesperamos.

Y la ternura, leve como el agua y la harina.
Y la palabra apenas comenzada en los labios.

Era uma escura, escura solidão das ilhas,
e ali, mulher de amor, me acolheram teus braços.

Era a sede e a fome, e tu foste a fruta.
Era a luta e a ruína, e tu foste o milagre.

Ah, mulher, não sei como pudeste conter-me
no território da alma, e na cruz dos teus braços!

Meu desejo de ti foi terrível e rápido,
o mais revolto e ébrio, o mais angustiado e ávido.

De beijos, cemitério, ainda há fogo em tuas tumbas,
ainda os ramos incendeiam bicados de pássaros.

Ó, a boca mordida, ó, teus beijados membros,
ó, os dentes famintos, os corpos trançados.

Ó, a cópula louca de esperança e esforço
em que, enovelados, nos desesperamos.

E a ternura, tão leve como a água e a farinha.
e a palavra apenas começada nos lábios.

Ése fue mi destino y en él viajó mi anhelo,
y en él cayó mi anhelo, todo en ti fue naufragio!

Oh, sentina de escombros, en ti todo caía,
qué dolor no exprimiste, qué olas no te
    ahogaron!

De tumbo en tumbo aún llameaste y cantaste.
De pie como un marino en la proa de un barco.

Aún floreciste en cantos, aún rompiste en corrientes.
Oh sentina de escombros, pozo abierto y amargo.

Pálido buzo ciego, desventurado hondero,
descubridor perdido, todo en ti fue naufragio!

Es la hora de partir, la dura y fría hora
que la noche sujeta a todo horario.

El cinturón ruidoso del mar ciñe la costa.
Surgen frías estrellas, emigran negros pájaros.

Esse foi meu destino e nele viajou o meu sonho,
nele caiu o meu sonho, tudo em ti foi naufrágio!

Ó, os porões de escombros, em ti tudo caía,
que dor não exprimiste, e que ondas não te
    afogaram!

De queda em queda tu ainda ardeste e tu cantaste.
De pé feito marinheiro na proa de um barco.

Florindo ainda nos cantos, quebraste correntes.
Ó, lastro de escombros, um poço aberto e amargo.

Pálido mergulhador cego, um fundeiro infeliz,
achador perdido, tudo em ti, naufrágio!

É a hora da partida, a dura e fria hora,
que essa noite sujeita todos os horários.

A cintura ruidosa do mar cinge a costa.
Surgem frias estrelas, emigram os pássaros.

Abandonado como los muelles en el alba.
Sólo la sombra trémula se retuerce en mis manos.

Ah más allá de todo. Ah más allá de todo.

Es la hora de partir. Oh abandonado!

Abandonado como os cais em plena aurora.
Só a sombra estremece e dança em minhas mãos.

Ah, mais além de tudo. Ah, mais além de tudo.

É a hora de partir, ó, abandonado!

Coleção L&PM POCKET

500. **Esboço para uma teoria das emoções** – Sartre
501. **Renda básica de cidadania** – Eduardo Suplicy
502(1). **Pílulas para viver melhor** – Dr. Lucchese
503(2). **Pílulas para prolongar a juventude** – Dr. Lucchese
504(3). **Desembarcando o diabetes** – Dr. Lucchese
505(4). **Desembarcando o sedentarismo** – Dr. Fernando Lucchese e Cláudio Castro
506(5). **Desembarcando a hipertensão** – Dr. Lucchese
507(6). **Desembarcando o colesterol** – Dr. Fernando Lucchese e Fernanda Lucchese
508. **Estudos de mulher** – Balzac
509. **O terceiro tira** – Flann O'Brien
510. **100 receitas de aves e ovos** – J. A. P. Machado
511. **Garfield em toneladas de diversão (5)** – Jim Davis
512. **Trem-bala** – Martha Medeiros
513. **Os cães ladram** – Truman Capote
514. **O Kama Sutra de Vatsyayana**
515. **O crime do Padre Amaro** – Eça de Queiroz
516. **Odes de Ricardo Reis** – Fernando Pessoa
517. **O inverno da nossa desesperança** – Steinbeck
518. **Piratas do Tietê (1)** – Laerte
519. **Rê Bordosa: do começo ao fim** – Angeli
520. **O Harlem é escuro** – Chester Himes
522. **Eugénie Grandet** – Balzac
523. **O último magnata** – F. Scott Fitzgerald
524. **Carol** – Patricia Highsmith
525. **100 receitas de patisseria** – Sílvio Lancellotti
527. **Tristessa** – Jack Kerouac
528. **O diamante do tamanho do Ritz** – F. Scott Fitzgerald
529. **As melhores histórias de Sherlock Holmes** – Arthur Conan Doyle
530. **Cartas a um jovem poeta** – Rilke
532. **O misterioso sr. Quin** – Agatha Christie
533. **Os analectos** – Confúcio
536. **Ascensão e queda de César Birotteau** – Balzac
537. **Sexta-feira negra** – David Goodis
538. **Ora bolas – O humor de Mario Quintana** – Juarez Fonseca
539. **Longe daqui aqui mesmo** – Antonio Bivar
540. **É fácil matar** – Agatha Christie
541. **O pai Goriot** – Balzac
542. **Brasil, um país do futuro** – Stefan Zweig
543. **O processo** – Kafka
544. **O melhor de Hagar 4** – Dik Browne
545. **Por que não pediram a Evans?** – Agatha Christie
546. **Fanny Hill** – John Cleland
547. **O gato por dentro** – William S. Burroughs
548. **Sobre a brevidade da vida** – Sêneca
549. **Geraldão (1)** – Glauco
550. **Piratas do Tietê (2)** – Laerte
551. **Pagando o pato** – Ciça
552. **Garfield de bom humor (6)** – Jim Davis
553. **Conhece o Mário?** vol.1 – Santiago
554. **Radicci 6** – Iotti
555. **Os subterrâneos** – Jack Kerouac
556(1). **Balzac** – François Taillandier
557(2). **Modigliani** – Christian Parisot
558(3). **Kafka** – Gérard-Georges Lemaire
559(4). **Júlio César** – Joël Schmidt
560. **Receitas da família** – J. A. Pinheiro Machado
561. **Boas maneiras à mesa** – Celia Ribeiro
562(9). **Filhos sadios, pais felizes** – R. Pagnoncelli
563(10). **Fatos & mitos** – Dr. Fernando Lucchese
564. **Ménage à trois** – Paula Taitelbaum
565. **Mulheres!** – David Coimbra
566. **Poemas de Álvaro de Campos** – Fernando Pessoa
567. **Medo e outras histórias** – Stefan Zweig
568. **Snoopy e sua turma (1)** – Schulz
569. **Piadas para sempre (1)** – Visconde da Casa Verde
570. **O alvo móvel** – Ross Macdonald
571. **O melhor do Recruta Zero (2)** – Mort Walker
572. **Um sonho americano** – Norman Mailer
573. **Os broncos também amam** – Angeli
574. **Crônica de um amor louco** – Bukowski
575(5). **Freud** – René Major e Chantal Talagrand
576(6). **Picasso** – Gilles Plazy
577(7). **Gandhi** – Christine Jordis
578. **A tumba** – H. P. Lovecraft
579. **O príncipe e o mendigo** – Mark Twain
580. **Garfield, um charme de gato (7)** – Jim Davis
581. **Ilusões perdidas** – Balzac
582. **Esplendores e misérias das cortesãs** – Balzac
583. **Walter Ego** – Angeli
584. **Striptiras (1)** – Laerte
585. **Fagundes: um puxa-saco de mão cheia** – Laerte
586. **Depois do último trem** – Josué Guimarães
587. **Ricardo III** – Shakespeare
588. **Dona Anja** – Josué Guimarães
589. **24 horas na vida de uma mulher** – Stefan Zweig
591. **Mulher no escuro** – Dashiell Hammett
592. **No que acredito** – Bertrand Russell
593. **Odisseia (1): Telemaquia** – Homero
594. **O cavalo cego** – Josué Guimarães
595. **Henrique V** – Shakespeare
596. **Fabulário geral do delírio cotidiano** – Bukowski
597. **Tiros na noite 1: A mulher do bandido** – Dashiell Hammett
598. **Snoopy em Feliz Dia dos Namorados! (2)** – Schulz
600. **Crime e castigo** – Dostoiévski
601. **Mistério no Caribe** – Agatha Christie
602. **Odisseia (2): Regresso** – Homero
603. **Piadas para sempre (2)** – Visconde da Casa Verde
604. **À sombra do vulcão** – Malcolm Lowry
605(8). **Kerouac** – Yves Buin
606. **E agora são cinzas** – Angeli
607. **As mil e uma noites** – Paulo Caruso
608. **Um assassino entre nós** – Ruth Rendell

609. **Crack-up** – F. Scott Fitzgerald
610. **Do amor** – Stendhal
611. **Cartas do Yage** – William Burroughs e Allen Ginsberg
612. **Striptiras (2)** – Laerte
613. **Henry & June** – Anaïs Nin
614. **A piscina mortal** – Ross Macdonald
615. **Geraldão (2)** – Glauco
616. **Tempo de delicadeza** – A. R. de Sant'Anna
617. **Tiros na noite 2: Medo de tiro** – Dashiell Hammett
618. **Snoopy em Assim é a vida, Charlie Brown! (3)** – Schulz
619. **1954 – Um tiro no coração** – Hélio Silva
620. **Sobre a inspiração poética (Íon)** e ... – Platão
621. **Garfield e seus amigos (8)** – Jim Davis
622. **Odisseia (3): Ítaca** – Homero
623. **A louca matança** – Chester Himes
624. **Factótum** – Bukowski
625. **Guerra e Paz: volume 1** – Tolstói
626. **Guerra e Paz: volume 2** – Tolstói
627. **Guerra e Paz: volume 3** – Tolstói
628. **Guerra e Paz: volume 4** – Tolstói
629.(9). **Shakespeare** – Claude Mourthé
630. **Bem está o que bem acaba** – Shakespeare
631. **O contrato social** – Rousseau
632. **Geração Beat** – Jack Kerouac
633. **Snoopy: É Natal! (4)** – Charles Schulz
634. **Testemunha da acusação** – Agatha Christie
635. **Um elefante no caos** – Millôr Fernandes
636. **Guia de leitura (100 autores que você precisa ler)** – Organização de Léa Masina
637. **Pistoleiros também mandam flores** – David Coimbra
638. **O prazer das palavras** – vol. 1 – Cláudio Moreno
639. **O prazer das palavras** – vol. 2 – Cláudio Moreno
640. **Novíssimo testamento: com Deus e o diabo, a dupla da criação** – Iotti
641. **Literatura Brasileira: modos de usar** – Luís Augusto Fischer
642. **Dicionário de Porto-Alegrês** – Luís A. Fischer
643. **Clô Dias & Noites** – Sérgio Jockymann
644. **Memorial de Isla Negra** – Pablo Neruda
645. **Um homem extraordinário e outras histórias** – Tchékhov
646. **Ana sem terra** – Alcy Cheuiche
647. **Adultérios** – Woody Allen
651. **Snoopy: Posso fazer uma pergunta, professora? (5)** – Charles Schulz
652.(10). **Luís XVI** – Bernard Vincent
653. **O mercador de Veneza** – Shakespeare
654. **Cancioneiro** – Fernando Pessoa
655. **Non-Stop** – Martha Medeiros
656. **Carpinteiros, levantem bem alto a cumeeira & Seymour, uma apresentação** – J.D.Salinger
657. **Ensaios céticos** – Bertrand Russell
658. **O melhor de Hagar 5** – Dik e Chris Browne
659. **Primeiro amor** – Ivan Turguêniev
660. **A trégua** – Mario Benedetti
661. **Um parque de diversões da cabeça** – Lawrence Ferlinghetti
662. **Aprendendo a viver** – Sêneca
663. **Garfield, um gato em apuros (9)** – Jim Davis
664. **Dilbert (1)** – Scott Adams
666. **A imaginação** – Jean-Paul Sartre
667. **O ladrão e os cães** – Naguib Mahfuz
669. **A volta do parafuso** *seguido de* **Daisy Miller** – Henry James
670. **Notas do subsolo** – Dostoiévski
671. **Abobrinhas da Brasilônia** – Glauco
672. **Geraldão (3)** – Glauco
673. **Piadas para sempre (3)** – Visconde da Casa Verde
674. **Duas viagens ao Brasil** – Hans Staden
676. **A arte da guerra** – Maquiavel
677. **Além do bem e do mal** – Nietzsche
678. **O coronel Chabert** *seguido de* **A mulher abandonada** – Balzac
679. **O sorriso de marfim** – Ross Macdonald
680. **100 receitas de pescados** – Sílvio Lancellotti
681. **O juiz e seu carrasco** – Friedrich Dürrenmatt
682. **Noites brancas** – Dostoiévski
683. **Quadras ao gosto popular** – Fernando Pessoa
685. **Kaos** – Millôr Fernandes
686. **A pele de onagro** – Balzac
687. **As ligações perigosas** – Choderlos de Laclos
689. **Os Lusíadas** – Luís Vaz de Camões
690.(11). **Átila** – Éric Deschodt
691. **Um jeito tranquilo de matar** – Chester Himes
692. **A felicidade conjugal** *seguido de* **O diabo** – Tolstói
693. **Viagem de um naturalista ao redor do mundo** – vol. 1 – Charles Darwin
694. **Viagem de um naturalista ao redor do mundo** – vol. 2 – Charles Darwin
695. **Memórias da casa dos mortos** – Dostoiévski
696. **A Celestina** – Fernando de Rojas
697. **Snoopy: Como você é azarado, Charlie Brown! (6)** – Charles Schulz
698. **Dez (quase) amores** – Claudia Tajes
699. **Poirot sempre espera** – Agatha Christie
701. **Apologia de Sócrates** *precedido de* **Êutifron** e *seguido de* **Críton** – Platão
702. **Wood & Stock** – Angeli
703. **Striptiras (3)** – Laerte
704. **Discurso sobre a origem e os fundamentos da desigualdade entre os homens** – Rousseau
705. **Os duelistas** – Joseph Conrad
706. **Dilbert (2)** – Scott Adams
707. **Viver e escrever** (vol. 1) – Edla van Steen
708. **Viver e escrever** (vol. 2) – Edla van Steen
709. **Viver e escrever** (vol. 3) – Edla van Steen
710. **A teia da aranha** – Agatha Christie
711. **O banquete** – Platão
712. **Os belos e malditos** – F. Scott Fitzgerald
713. **Libelo contra a arte moderna** – Salvador Dalí
714. **Akropolis** – Valerio Massimo Manfredi
715. **Devoradores de mortos** – Michael Crichton
716. **Sob o sol da Toscana** – Frances Mayes
717. **Batom na cueca** – Nani
718. **Vida dura** – Claudia Tajes
719. **Carne trêmula** – Ruth Rendell
720. **Cris, a fera** – David Coimbra
721. **O anticristo** – Nietzsche
722. **Como um romance** – Daniel Pennac
723. **Emboscada no Forte Bragg** – Tom Wolfe

724. **Assédio sexual** – Michael Crichton
725. **O espírito do Zen** – Alan W.Watts
726. **Um bonde chamado desejo** – Tennessee Williams
727. **Como gostais** seguido de **Conto de inverno** – Shakespeare
728. **Tratado sobre a tolerância** – Voltaire
729. **Snoopy: Doces ou travessuras? (7)** – Charles Schulz
730. **Cardápios do Anonymous Gourmet** – J.A. Pinheiro Machado
731. **100 receitas com lata** – J.A. Pinheiro Machado
732. **Conhece o Mário?** vol.2 – Santiago
733. **Dilbert (3)** – Scott Adams
734. **História de um louco amor** seguido de **Passado amor** – Horacio Quiroga
735(11). **Sexo: muito prazer** – Laura Meyer da Silva
736(12). **Para entender o adolescente** – Dr. Ronald Pagnoncelli
737(13). **Desembarcando a tristeza** – Dr. Fernando Lucchese
738. **Poirot e o mistério da arca espanhola & outras histórias** – Agatha Christie
739. **A última legião** – Valerio Massimo Manfredi
741. **Sol nascente** – Michael Crichton
742. **Duzentos ladrões** – Dalton Trevisan
743. **Os devaneios do caminhante solitário** – Rousseau
744. **Garfield, o rei da preguiça (10)** – Jim Davis
745. **Os magnatas** – Charles R. Morris
746. **Pulp** – Charles Bukowski
747. **Enquanto agonizo** – William Faulkner
748. **Aline: viciada em sexo (3)** – Adão Iturrusgarai
749. **A dama da cachorrinho** – Anton Tchékhov
750. **Tito Andrônico** – Shakespeare
751. **Antologia poética** – Anna Akhmátova
752. **O melhor de Hagar 6** – Dik e Chris Browne
753(12). **Michelangelo** – Nadine Sautel
754. **Dilbert (4)** – Scott Adams
755. **O jardim das cerejeiras** seguido de **Tio Vânia** – Tchékhov
756. **Geração Beat** – Claudio Willer
757. **Santos Dumont** – Alcy Cheuiche
758. **Budismo** – Claude B. Levenson
759. **Cleópatra** – Christian-Georges Schwentzel
760. **Revolução Francesa** – Frédéric Bluche, Stéphane Rials e Jean Tulard
761. **A crise de 1929** – Bernard Gazier
762. **Sigmund Freud** – Edson Sousa e Paulo Endo
763. **Império Romano** – Patrick Le Roux
764. **Cruzadas** – Cécile Morrisson
765. **O mistério do Trem Azul** – Agatha Christie
768. **Senso comum** – Thomas Paine
769. **O parque dos dinossauros** – Michael Crichton
770. **Trilogia da paixão** – Goethe
773. **Snoopy: No mundo da lua! (8)** – Charles Schulz
774. **Os Quatro Grandes** – Agatha Christie
775. **Um brinde de cianureto** – Agatha Christie
776. **Súplicas atendidas** – Truman Capote
779. **A viúva imortal** – Millôr Fernandes
780. **Cabala** – Roland Goetschel
781. **Capitalismo** – Claude Jessua
782. **Mitologia grega** – Pierre Grimal
783. **Economia: 100 palavras-chave** – Jean-Paul Betbèze
784. **Marxismo** – Henri Lefebvre
785. **Punição para a inocência** – Agatha Christie
786. **A extravagância do morto** – Agatha Christie
787(13). **Cézanne** – Bernard Fauconnier
788. **A identidade Bourne** – Robert Ludlum
789. **Da tranquilidade da alma** – Sêneca
790. **Um artista da fome** seguido de **Na colônia penal e outras histórias** – Kafka
791. **Histórias de fantasmas** – Charles Dickens
796. **O Uraguai** – Basílio da Gama
797. **A mão misteriosa** – Agatha Christie
798. **Testemunha ocular do crime** – Agatha Christie
799. **Crepúsculo dos ídolos** – Friedrich Nietzsche
802. **O grande golpe** – Dashiell Hammett
803. **Humor barra pesada** – Nani
804. **Vinho** – Jean-François Gautier
805. **Egito Antigo** – Sophie Desplancques
806(14). **Baudelaire** – Jean-Baptiste Baronian
807. **Caminho da sabedoria, caminho da paz** – Dalai Lama e Felizitas von Schönborn
808. **Senhor e servo e outras histórias** – Tolstói
809. **Os cadernos de Malte Laurids Brigge** – Rilke
810. **Dilbert (5)** – Scott Adams
811. **Big Sur** – Jack Kerouac
812. **Seguindo a correnteza** – Agatha Christie
813. **O álibi** – Sandra Brown
814. **Montanha-russa** – Martha Medeiros
815. **Coisas da vida** – Martha Medeiros
816. **A cantada infalível** seguido de **A mulher do centroavante** – David Coimbra
819. **Snoopy: Pausa para a soneca (9)** – Charles Schulz
820. **De pernas pro ar** – Eduardo Galeano
821. **Tragédias gregas** – Pascal Thiercy
822. **Existencialismo** – Jacques Colette
823. **Nietzsche** – Jean Granier
824. **Amar ou depender?** – Walter Riso
825. **Darmapada: A doutrina budista em versos**
826. **J'Accuse...! – a verdade em marcha** – Zola
827. **Os crimes ABC** – Agatha Christie
828. **Um gato entre os pombos** – Agatha Christie
831. **Dicionário de teatro** – Luiz Paulo Vasconcellos
832. **Cartas extraviadas** – Martha Medeiros
833. **A longa viagem de prazer** – J. J. Morosoli
834. **Receitas fáceis** – J. A. Pinheiro Machado
835(14). **Mais fatos & mitos** – Dr. Fernando Lucchese
836(15). **Boa viagem!** – Dr. Fernando Lucchese
837. **Aline: Finalmente nua!!! (4)** – Adão Iturrusgarai
838. **Mônica tem uma novidade!** – Mauricio de Sousa
839. **Cebolinha em apuros!** – Mauricio de Sousa
840. **Sócios no crime** – Agatha Christie
841. **Bocas do tempo** – Eduardo Galeano
842. **Orgulho e preconceito** – Jane Austen
843. **Impressionismo** – Dominique Lobstein
844. **Escrita chinesa** – Viviane Alleton
845. **Paris: uma história** – Yvan Combeau
846(15). **Van Gogh** – David Haziot
848. **Portal do destino** – Agatha Christie
849. **O futuro de uma ilusão** – Freud
850. **O mal-estar na cultura** – Freud
853. **Um crime adormecido** – Agatha Christie
854. **Satori em Paris** – Jack Kerouac
855. **Medo e delírio em Las Vegas** – Hunter Thompson

856. **Um negócio fracassado e outros contos de humor** – Tchékhov
857. **Mônica está de férias!** – Mauricio de Sousa
858. **De quem é esse coelho?** – Mauricio de Sousa
860. **O mistério Sittaford** – Agatha Christie
861. **Manhã transfigurada** – L. A. de Assis Brasil
862. **Alexandre, o Grande** – Pierre Briant
863. **Jesus** – Charles Perrot
864. **Islã** – Paul Balta
865. **Guerra da Secessão** – Farid Ameur
866. **Um rio que vem da Grécia** – Cláudio Moreno
868. **Assassinato na casa do pastor** – Agatha Christie
869. **Manual do líder** – Napoleão Bonaparte
870.(16).**Billie Holiday** – Sylvia Fol
871. **Bidu arrasando!** – Mauricio de Sousa
872. **Os Sousa: Desventuras em família** – Mauricio de Sousa
874. **E no final a morte** – Agatha Christie
875. **Guia prático do Português correto – vol. 4** – Cláudio Moreno
876. **Dilbert (6)** – Scott Adams
877.(17).**Leonardo da Vinci** – Sophie Chauveau
878. **Bella Toscana** – Frances Mayes
879. **A arte da ficção** – David Lodge
880. **Striptiras (4)** – Laerte
881. **Skrotinhos** – Angeli
882. **Depois do funeral** – Agatha Christie
883. **Radicci 7** – Iotti
884. **Walden** – H. D. Thoreau
885. **Lincoln** – Allen C. Guelzo
886. **Primeira Guerra Mundial** – Michael Howard
887. **A linha de sombra** – Joseph Conrad
888. **O amor é um cão dos diabos** – Bukowski
890. **Despertar: uma vida de Buda** – Jack Kerouac
891.(18).**Albert Einstein** – Laurent Seksik
892. **Hell's Angels** – Hunter Thompson
893. **Ausência na primavera** – Agatha Christie
894. **Dilbert (7)** – Scott Adams
895. **Ao sul de lugar nenhum** – Bukowski
896. **Maquiavel** – Quentin Skinner
897. **Sócrates** – C.C.W. Taylor
899. **O Natal de Poirot** – Agatha Christie
900. **As veias abertas da América Latina** – Eduardo Galeano
901. **Snoopy: Sempre alerta! (10)** – Charles Schulz
902. **Chico Bento: Plantando confusão** – Mauricio de Sousa
903. **Penadinho: Quem é morto sempre aparece** – Mauricio de Sousa
904. **A vida sexual da mulher feia** – Claudia Tajes
905. **100 segredos de liquidificador** – José Antonio Pinheiro Machado
906. **Sexo muito prazer 2** – Laura Meyer da Silva
907. **Os nascimentos** – Eduardo Galeano
908. **As caras e as máscaras** – Eduardo Galeano
909. **O século do vento** – Eduardo Galeano
910. **Poirot perde uma cliente** – Agatha Christie
911. **Cérebro** – Michael O'Shea
912. **O escaravelho de ouro e outras histórias** – Edgar Allan Poe
913. **Piadas para sempre (4)** – Visconde da Casa Verde
914. **100 receitas de massas light** – Helena Tonetto
915.(19).**Oscar Wilde** – Daniel Salvatore Schiffer
916. **Uma breve história do mundo** – H. G. Wells
917. **A Casa do Penhasco** – Agatha Christie
919. **John M. Keynes** – Bernard Gazier
920.(20).**Virginia Woolf** – Alexandra Lemasson
921. **Peter e Wendy** seguido de **Peter Pan em Kensington Gardens** – J. M. Barrie
922. **Aline: numas de colegial (5)** – Adão Iturrusgarai
923. **Uma dose mortal** – Agatha Christie
924. **Os trabalhos de Hércules** – Agatha Christie
926. **Kant** – Roger Scruton
927. **A inocência do Padre Brown** – G.K. Chesterton
928. **Casa Velha** – Machado de Assis
929. **Marcas de nascença** – Nancy Huston
930. **Aulete de bolso**
931. **Hora Zero** – Agatha Christie
932. **Morte na Mesopotâmia** – Agatha Christie
934. **Nem te conto, João** – Dalton Trevisan
935. **As aventuras de Huckleberry Finn** – Mark Twain
936.(21).**Marilyn Monroe** – Anne Plantagenet
937. **China moderna** – Rana Mitter
938. **Dinossauros** – David Norman
939. **Louca por homem** – Claudia Tajes
940. **Amores de alto risco** – Walter Riso
941. **Jogo de damas** – David Coimbra
942. **Filha é filha** – Agatha Christie
943. **M ou N?** – Agatha Christie
945. **Bidu: diversão em dobro!** – Mauricio de Sousa
946. **Fogo** – Anaïs Nin
947. **Rum: diário de um jornalista bêbado** – Hunter Thompson
948. **Persuasão** – Jane Austen
949. **Lágrimas na chuva** – Sergio Faraco
950. **Mulheres** – Bukowski
951. **Um pressentimento funesto** – Agatha Christie
952. **Cartas na mesa** – Agatha Christie
954. **O lobo do mar** – Jack London
955. **Os gatos** – Patricia Highsmith
956.(22).**Jesus** – Christiane Rancé
957. **História da medicina** – William Bynum
958. **O Morro dos Ventos Uivantes** – Emily Brontë
959. **A filosofia na era trágica dos gregos** – Nietzsche
960. **Os treze problemas** – Agatha Christie
961. **A massagista japonesa** – Moacyr Scliar
963. **Humor do miserê** – Nani
964. **Todo o mundo tem dúvida, inclusive você** – Édison de Oliveira
965. **A dama do Bar Nevada** – Sergio Faraco
969. **O psicopata americano** – Bret Easton Ellis
970. **Ensaios de amor** – Alain de Botton
971. **O grande Gatsby** – F. Scott Fitzgerald
972. **Por que não sou cristão** – Bertrand Russell
973. **A Casa Torta** – Agatha Christie
974. **Encontro com a morte** – Agatha Christie
975.(23).**Rimbaud** – Jean-Baptiste Baronian
976. **Cartas na rua** – Bukowski
977. **Memória** – Jonathan K. Foster
978. **A abadia de Northanger** – Jane Austen
979. **As pernas de Úrsula** – Claudia Tajes

980. **Retrato inacabado** – Agatha Christie
981. **Solanin (1)** – Inio Asano
982. **Solanin (2)** – Inio Asano
983. **Aventuras de menino** – Mitsuru Adachi
984.(16).**Fatos & mitos sobre sua alimentação** – Dr. Fernando Lucchese
985. **Teoria quântica** – John Polkinghorne
986. **O eterno marido** – Fiódor Dostoiévski
987. **Um safado em Dublin** – J. P. Donleavy
988. **Mirinha** – Dalton Trevisan
989. **Akhenaton e Nefertiti** – Carmen Seganfredo e A. S. Franchini
990. **On the Road – o manuscrito original** – Jack Kerouac
991. **Relatividade** – Russell Stannard
992. **Abaixo de zero** – Bret Easton Ellis
993.(24).**Andy Warhol** – Mériam Korichi
995. **Os últimos casos de Miss Marple** – Agatha Christie
996. **Nico Demo: Aí vem encrenca** – Mauricio de Sousa
998. **Rousseau** – Robert Wokler
999. **Noite sem fim** – Agatha Christie
1000. **Diários de Andy Warhol (1)** – Editado por Pat Hackett
1001. **Diários de Andy Warhol (2)** – Editado por Pat Hackett
1002. **Cartier-Bresson: o olhar do século** – Pierre Assouline
1003. **As melhores histórias da mitologia: vol. 1** – A.S. Franchini e Carmen Seganfredo
1004. **As melhores histórias da mitologia: vol. 2** – A.S. Franchini e Carmen Seganfredo
1005. **Assassinato no beco** – Agatha Christie
1006. **Convite para um homicídio** – Agatha Christie
1008. **História da vida** – Michael J. Benton
1009. **Jung** – Anthony Stevens
1010. **Arsène Lupin, ladrão de casaca** – Maurice Leblanc
1011. **Dublinenses** – James Joyce
1012. **120 tirinhas da Turma da Mônica** – Mauricio de Sousa
1013. **Antologia poética** – Fernando Pessoa
1014. **A aventura de um cliente ilustre** seguido de **O último adeus de Sherlock Holmes** – Sir Arthur Conan Doyle
1015. **Cenas de Nova York** – Jack Kerouac
1016. **A corista** – Anton Tchékhov
1017. **O diabo** – Leon Tolstói
1018. **Fábulas chinesas** – Sérgio Capparelli e Márcia Schmaltz
1019. **O gato do Brasil** – Sir Arthur Conan Doyle
1020. **Missa do Galo** – Machado de Assis
1021. **O mistério de Marie Rogêt** – Edgar Allan Poe
1022. **A mulher mais linda da cidade** – Bukowski
1023. **O retrato** – Nicolai Gogol
1024. **O conflito** – Agatha Christie
1025. **Os primeiros casos de Poirot** – Agatha Christie
1027.(25).**Beethoven** – Bernard Fauconnier
1028. **Platão** – Julia Annas
1029. **Cleo e Daniel** – Roberto Freire
1030. **Til** – José de Alencar
1031. **Viagens na minha terra** – Almeida Garrett
1032. **Profissões para mulheres e outros artigos feministas** – Virginia Woolf
1033. **Mrs. Dalloway** – Virginia Woolf
1034. **O cão da morte** – Agatha Christie
1035. **Tragédia em três atos** – Agatha Christie
1037. **O fantasma da Ópera** – Gaston Leroux
1038. **Evolução** – Brian e Deborah Charlesworth
1039. **Medida por medida** – Shakespeare
1040. **Razão e sentimento** – Jane Austen
1041. **A obra-prima ignorada** seguido de **Um episódio durante o Terror** – Balzac
1042. **A fugitiva** – Anaïs Nin
1043. **As grandes histórias da mitologia greco--romana** – A. S. Franchini
1044. **O corno de si mesmo & outras historietas** – Marquês de Sade
1045. **Da felicidade** seguido de **Da vida retirada** – Sêneca
1046. **O horror em Red Hook e outras histórias** – H. P. Lovecraft
1047. **Noite em claro** – Martha Medeiros
1048. **Poemas clássicos chineses** – Li Bai, Du Fu e Wang Wei
1049. **A terceira moça** – Agatha Christie
1050. **Um destino ignorado** – Agatha Christie
1051.(26).**Buda** – Sophie Royer
1052. **Guerra Fria** – Robert J. McMahon
1053. **Simons's Cat: as aventuras de um gato travesso e comilão – vol. 1** – Simon Tofield
1054. **Simons's Cat: as aventuras de um gato travesso e comilão – vol. 2** – Simon Tofield
1055. **Só as mulheres e as baratas sobreviverão** – Claudia Tajes
1057. **Pré-história** – Chris Gosden
1058. **Pintou sujeira!** – Mauricio de Sousa
1059. **Contos de Mamãe Gansa** – Charles Perrault
1060. **A interpretação dos sonhos: vol. 1** – Freud
1061. **A interpretação dos sonhos: vol. 2** – Freud
1062. **Frufru Rataplã Dolores** – Dalton Trevisan
1063. **As melhores histórias da mitologia egípcia** – Carmem Seganfredo e A.S. Franchini
1064. **Infância. Adolescência. Juventude** – Tolstói
1065. **As consolações da filosofia** – Alain de Botton
1066. **Diários de Jack Kerouac – 1947-1954**
1067. **Revolução Francesa – vol. 1** – Max Gallo
1068. **Revolução Francesa – vol. 2** – Max Gallo
1069. **O detetive Parker Pyne** – Agatha Christie
1070. **Memórias do esquecimento** – Flávio Tavares
1071. **Drogas** – Leslie Iversen
1072. **Manual de ecologia (vol.2)** – J. Lutzenberger
1073. **Como andar no labirinto** – Affonso Romano de Sant'Anna
1074. **A orquídea e o serial killer** – Juremir Machado da Silva
1075. **Amor nos tempos de fúria** – Lawrence Ferlinghetti
1076. **A aventura do pudim de Natal** – Agatha Christie
1078. **Amores que matam** – Patricia Faur
1079. **Histórias de pescador** – Mauricio de Sousa
1080. **Pedaços de um caderno manchado de vinho** – Bukowski

1081. **A ferro e fogo: tempo de solidão (vol.1)** – Josué Guimarães
1082. **A ferro e fogo: tempo de guerra (vol.2)** – Josué Guimarães
1084(17). **Desembarcando o Alzheimer** – Dr. Fernando Lucchese e Dra. Ana Hartmann
1085. **A maldição do espelho** – Agatha Christie
1086. **Uma breve história da filosofia** – Nigel Warburton
1088. **Heróis da História** – Will Durant
1089. **Concerto campestre** – L. A. de Assis Brasil
1090. **Morte nas nuvens** – Agatha Christie
1092. **Aventura em Bagdá** – Agatha Christie
1093. **O cavalo amarelo** – Agatha Christie
1094. **O método de interpretação dos sonhos** – Freud
1095. **Sonetos de amor e desamor** – Vários
1096. **120 tirinhas do Dilbert** – Scott Adams
1097. **200 fábulas de Esopo**
1098. **O curioso caso de Benjamin Button** – F. Scott Fitzgerald
1099. **Piadas para sempre: uma antologia para morrer de rir** – Visconde da Casa Verde
1100. **Hamlet (Mangá)** – Shakespeare
1101. **A arte da guerra (Mangá)** – Sun Tzu
1104. **As melhores histórias da Bíblia (vol.1)** – A. S. Franchini e Carmen Seganfredo
1105. **As melhores histórias da Bíblia (vol.2)** – A. S. Franchini e Carmen Seganfredo
1106. **Psicologia das massas e análise do eu** – Freud
1107. **Guerra Civil Espanhola** – Helen Graham
1108. **A autoestrada do sul e outras histórias** – Julio Cortázar
1109. **O mistério dos sete relógios** – Agatha Christie
1110. **Peanuts: Ninguém gosta de mim... (amor)** – Charles Schulz
1111. **Cadê o bolo?** – Mauricio de Sousa
1112. **O filósofo ignorante** – Voltaire
1113. **Totem e tabu** – Freud
1114. **Filosofia pré-socrática** – Catherine Osborne
1115. **Desejo de status** – Alain de Botton
1118. **Passageiro para Frankfurt** – Agatha Christie
1120. **Kill All Enemies** – Melvin Burgess
1121. **A morte da sra. McGinty** – Agatha Christie
1122. **Revolução Russa** – S. A. Smith
1123. **Até você, Capitu?** – Dalton Trevisan
1124. **O grande Gatsby (Mangá)** – F. S. Fitzgerald
1125. **Assim falou Zaratustra (Mangá)** – Nietzsche
1126. **Peanuts: É para isso que servem os amigos (amizade)** – Charles Schulz
1127(27). **Nietzsche** – Dorian Astor
1128. **Bidu: Hora do banho** – Mauricio de Sousa
1129. **O melhor do Macanudo Taurino** – Santiago
1130. **Radicci 30 anos** – Iotti
1131. **Show de sabores** – J.A. Pinheiro Machado
1132. **O prazer das palavras** – vol. 3 – Cláudio Moreno
1133. **Morte na praia** – Agatha Christie
1134. **O fardo** – Agatha Christie
1135. **Manifesto do Partido Comunista (Mangá)** – Marx & Engels
1136. **A metamorfose (Mangá)** – Franz Kafka
1137. **Por que você não se casou... ainda** – Tracy McMillan
1138. **Textos autobiográficos** – Bukowski
1139. **A importância de ser prudente** – Oscar Wilde
1140. **Sobre a vontade na natureza** – Arthur Schopenhauer
1141. **Dilbert (8)** – Scott Adams
1142. **Entre dois amores** – Agatha Christie
1143. **Cipreste triste** – Agatha Christie
1144. **Alguém viu uma assombração?** – Mauricio de Sousa
1145. **Mandela** – Elleke Boehmer
1146. **Retrato do artista quando jovem** – James Joyce
1147. **Zadig ou o destino** – Voltaire
1148. **O contrato social (Mangá)** – J.-J. Rousseau
1149. **Garfield fenomenal** – Jim Davis
1150. **A queda da América** – Allen Ginsberg
1151. **Música na noite & outros ensaios** – Aldous Huxley
1152. **Poesias inéditas & Poemas dramáticos** – Fernando Pessoa
1153. **Peanuts: Felicidade é...** – Charles M. Schulz
1154. **Mate-me por favor** – Legs McNeil e Gillian McCain
1155. **Assassinato no Expresso Oriente** – Agatha Christie
1156. **Um punhado de centeio** – Agatha Christie
1157. **A interpretação dos sonhos (Mangá)** – Freud
1158. **Peanuts: Você não entende o sentido da vida** – Charles M. Schulz
1159. **A dinastia Rothschild** – Herbert R. Lottman
1160. **A Mansão Hollow** – Agatha Christie
1161. **Nas montanhas da loucura** – H.P. Lovecraft
1162(28). **Napoleão Bonaparte** – Pascale Fautrier
1163. **Um corpo na biblioteca** – Agatha Christie
1164. **Inovação** – Mark Dodgson e David Gann
1165. **O que toda mulher deve saber sobre os homens: a afetividade masculina** – Walter Riso
1166. **O amor está no ar** – Mauricio de Sousa
1167. **Testemunha de acusação & outras histórias** – Agatha Christie
1168. **Etiqueta de bolso** – Celia Ribeiro
1169. **Poesia reunida (volume 3)** – Affonso Romano de Sant'Anna
1170. **Emma** – Jane Austen
1171. **Que seja um segredo** – Ana Miranda
1172. **Garfield sem apetite** – Jim Davis
1173. **Garfield: Foi mal...** – Jim Davis
1174. **Os irmãos Karamázov (Mangá)** – Dostoiévski
1175. **O Pequeno Príncipe** – Antoine de Saint-Exupéry
1176. **Peanuts: Ninguém mais tem o espírito aventureiro** – Charles M. Schulz
1177. **Assim falou Zaratustra** – Nietzsche
1178. **Morte no Nilo** – Agatha Christie
1179. **Ê, soneca boa** – Mauricio de Sousa
1180. **Garfield a todo o vapor** – Jim Davis
1181. **Em busca do tempo perdido (Mangá)** – Proust
1182. **Cai o pano: o último caso de Poirot** – Agatha Christie
1183. **Livro para colorir e relaxar** – Livro 1
1184. **Para colorir sem parar**
1185. **Os elefantes não esquecem** – Agatha Christie
1186. **Teoria da relatividade** – Albert Einstein

1187. **Compêndio da psicanálise** – Freud
1188. **Visões de Gerard** – Jack Kerouac
1189. **Fim de verão** – Mohiro Kitoh
1190. **Procurando diversão** – Mauricio de Sousa
1191. **E não sobrou nenhum e outras peças** – Agatha Christie
1192. **Ansiedade** – Daniel Freeman & Jason Freeman
1193. **Garfield: pausa para o almoço** – Jim Davis
1194. **Contos do dia e da noite** – Guy de Maupassant
1195. **O melhor de Hagar 7** – Dik Browne
1196. (29).**Lou Andreas-Salomé** – Dorian Astor
1197. (30).**Pasolini** – René de Ceccatty
1198. **O caso do Hotel Bertram** – Agatha Christie
1199. **Crônicas de motel** – Sam Shepard
1200. **Pequena filosofia da paz interior** – Catherine Rambert
1201. **Os sertões** – Euclides da Cunha
1202. **Treze à mesa** – Agatha Christie
1203. **Bíblia** – John Riches
1204. **Anjos** – David Albert Jones
1205. **As tirinhas do Guri de Uruguaiana 1** – Jair Kobe
1206. **Entre aspas (vol.1)** – Fernando Eichenberg
1207. **Escrita** – Andrew Robinson
1208. **O spleen de Paris: pequenos poemas em prosa** – Charles Baudelaire
1209. **Satíricon** – Petrônio
1210. **O avarento** – Molière
1211. **Queimando na água, afogando-se na chama** – Bukowski
1212. **Miscelânea septuagenária: contos e poemas** – Bukowski
1213. **Que filosofar é aprender a morrer e outros ensaios** – Montaigne
1214. **Da amizade e outros ensaios** – Montaigne
1215. **O medo à espreita e outras histórias** – H.P. Lovecraft
1216. **A obra de arte na era de sua reprodutibilidade técnica** – Walter Benjamin
1217. **Sobre a liberdade** – John Stuart Mill
1218. **O segredo de Chimneys** – Agatha Christie
1219. **Morte na rua Hickory** – Agatha Christie
1220. **Ulisses (Mangá)** – James Joyce
1221. **Ateísmo** – Julian Baggini
1222. **Os melhores contos de Katherine Mansfield** – Katherine Mansfield
1223. (31).**Martin Luther King** – Alain Foix
1224. **Millôr Definitivo: uma antologia de *A Bíblia do Caos*** – Millôr Fernandes
1225. **O Clube das Terças-Feiras e outras histórias** – Agatha Christie
1226. **Por que sou tão sábio** – Nietzsche
1227. **Sobre a mentira** – Platão
1228. **Sobre a leitura** *seguido do* **Depoimento de Céleste Albaret** – Proust
1229. **O homem do terno marrom** – Agatha Christie
1230. (32).**Jimi Hendrix** – Franck Médioni
1231. **Amor e amizade e outras histórias** – Jane Austen
1232. **Lady Susan, Os Watson e Sanditon** – Jane Austen
1233. **Uma breve história da ciência** – William Bynum
1234. **Macunaíma: o herói sem nenhum caráter** – Mário de Andrade
1235. **A máquina do tempo** – H.G. Wells
1236. **O homem invisível** – H.G. Wells
1237. **Os 36 estratagemas: manual secreto da arte da guerra** – Anônimo
1238. **A mina de ouro e outras histórias** – Agatha Christie
1239. **Pic** – Jack Kerouac
1240. **O habitante da escuridão e outros contos** – H.P. Lovecraft
1241. **O chamado de Cthulhu e outros contos** – H.P. Lovecraft
1242. **O melhor de Meu reino por um cavalo!** – Edição de Ivan Pinheiro Machado
1243. **A guerra dos mundos** – H.G. Wells
1244. **O caso da criada perfeita e outras histórias** – Agatha Christie
1245. **Morte por afogamento e outras histórias** – Agatha Christie
1246. **Assassinato no Comitê Central** – Manuel Vázquez Montalbán
1247. **O papai é pop** – Marcos Piangers
1248. **O papai é pop 2** – Marcos Piangers
1249. **A mamãe é rock** – Ana Cardoso
1250. **Paris boêmia** – Dan Franck
1251. **Paris libertária** – Dan Franck
1252. **Paris ocupada** – Dan Franck
1253. **Uma anedota infame** – Dostoiévski
1254. **O último dia de um condenado** – Victor Hugo
1255. **Nem só de caviar vive o homem** – J.M. Simmel
1256. **Amanhã é outro dia** – J.M. Simmel
1257. **Mulherzinhas** – Louisa May Alcott
1258. **Reforma Protestante** – Peter Marshall
1259. **História econômica global** – Robert C. Allen
1260. (33).**Che Guevara** – Alain Foix
1261. **Câncer** – Nicholas James
1262. **Akhenaton** – Agatha Christie
1263. **Aforismos para a sabedoria de vida** – Arthur Schopenhauer
1264. **Uma história do mundo** – David Coimbra
1265. **Ame e não sofra** – Walter Riso
1266. **Desapegue-se!** – Walter Riso
1267. **Os Sousa: Uma família do barulho** – Mauricio de Sousa
1268. **Nico Demo: O rei da travessura** – Mauricio de Sousa
1269. **Testemunha de acusação e outras peças** – Agatha Christie
1270. (34).**Dostoiévski** – Virgil Tanase
1271. **O melhor de Hagar 8** – Dik Browne
1272. **O melhor de Hagar 9** – Dik Browne
1273. **O melhor de Hagar 10** – Dik e Chris Browne
1274. **Considerações sobre o governo representativo** – John Stuart Mill
1275. **O homem Moisés e a religião monoteísta** – Freud
1276. **Inibição, sintoma e medo** – Freud

1277. **Além do princípio de prazer** – Freud
1278. **O direito de dizer não!** – Walter Riso
1279. **A arte de ser flexível** – Walter Riso
1280. **Casados e descasados** – August Strindberg
1281. **Da Terra à Lua** – Júlio Verne
1282. **Minhas galerias e meus pintores** – Kahnweiler
1283. **A arte do romance** – Virginia Woolf
1284. **Teatro completo v. 1: As aves da noite** *seguido de* **O visitante** – Hilda Hilst
1285. **Teatro completo v. 2: O verdugo** *seguido de* **A morte do patriarca** – Hilda Hilst
1286. **Teatro completo v. 3: O rato no muro** *seguido de* **Auto da barca de Camiri** – Hilda Hilst
1287. **Teatro completo v. 4: A empresa** *seguido de* **O novo sistema** – Hilda Hilst
1289. **Fora de mim** – Martha Medeiros
1290. **Divã** – Martha Medeiros
1291. **Sobre a genealogia da moral: um escrito polêmico** – Nietzsche
1292. **A consciência de Zeno** – Italo Svevo
1293. **Células-tronco** – Jonathan Slack
1294. **O fim do ciúme e outros contos** – Proust
1295. **A jangada** – Júlio Verne
1296. **A ilha do dr. Moreau** – H.G. Wells
1297. **Ninho de fidalgos** – Ivan Turguêniev
1298. **Jane Eyre** – Charlotte Brontë
1299. **Sobre gatos** – Bukowski
1300. **Sobre o amor** – Bukowski
1301. **Escrever para não enlouquecer** – Bukowski
1302. **222 receitas** – J. A. Pinheiro Machado
1303. **Reinações de Narizinho** – Monteiro Lobato
1304. **O Saci** – Monteiro Lobato
1305. **Memórias da Emília** – Monteiro Lobato
1306. **O Picapau Amarelo** – Monteiro Lobato
1307. **A reforma da Natureza** – Monteiro Lobato
1308. **Fábulas** *seguido de* **Histórias diversas** – Monteiro Lobato
1309. **Aventuras de Hans Staden** – Monteiro Lobato
1310. **Peter Pan** – Monteiro Lobato
1311. **Dom Quixote das crianças** – Monteiro Lobato
1312. **O Minotauro** – Monteiro Lobato
1313. **Um quarto só seu** – Virginia Woolf
1314. **Sonetos** – Shakespeare
1315. (35). **Thoreau** – Marie Berthoumieu e Laura El Makki
1316. **Teoria da arte** – Cynthia Freeland
1317. **A arte da prudência** – Baltasar Gracián
1318. **O louco** *seguido de* **Areia e espuma** – Khalil Gibran
1319. **O profeta** *seguido de* **O jardim do profeta** – Khalil Gibran
1320. **Jesus, o Filho do Homem** – Khalil Gibran
1321. **A luta** – Norman Mailer
1322. **Sobre o sofrimento do mundo e outros ensaios** – Schopenhauer
1323. **Epidemiologia** – Rodolfo Sacacci
1324. **Japão moderno** – Christopher Goto-Jones
1325. **A arte da meditação** – Matthieu Ricard
1326. **O adversário secreto** – Agatha Christie
1327. **Pollyanna** – Eleanor H. Porter
1328. **Espelhos** – Eduardo Galeano
1329. **A Vênus das peles** – Sacher-Masoch
1330. **O 18 de brumário de Luís Bonaparte** – Karl Marx
1331. **Um jogo para os vivos** – Patricia Highsmith
1332. **A tristeza pode esperar** – J.J. Camargo
1333. **Vinte poemas de amor e uma canção desesperada** – Pablo Neruda
1334. **Judaísmo** – Norman Solomon
1335. **Esquizofrenia** – Christopher Frith & Eve Johnstone
1336. **Seis personagens em busca de um autor** – Luigi Pirandello
1337. **A Fazenda dos Animais** – George Orwell
1338. **1984** – George Orwell
1339. **Ubu Rei** – Alfred Jarry
1340. **Sobre bêbados e bebidas** – Bukowski
1341. **Tempestade para os vivos e para os mortos** – Bukowski
1342. **Complicado** – Natsume Ono
1343. **Sobre o livre-arbítrio** – Schopenhauer
1344. **Uma breve história da literatura** – John Sutherland
1345. **Você fica tão sozinho às vezes que até faz sentido** – Bukowski
1346. **Um apartamento em Paris** – Guillaume Musso
1347. **Receitas fáceis e saborosas** – José Antonio Pinheiro Machado
1348. **Por que engordamos** – Gary Taubes
1349. **A fabulosa história do hospital** – Jean-Noël Fabiani
1350. **Voo noturno** *seguido de* **Terra dos homens** – Antoine de Saint-Exupéry
1351. **Doutor Sax** – Jack Kerouac
1352. **O livro do Tao e da virtude** – Lao-Tsé
1353. **Pista negra** – Antonio Manzini
1354. **A chave de vidro** – Dashiell Hammett
1355. **Martin Eden** – Jack London
1356. **Já te disse adeus, e agora, como te esqueço?** – Walter Riso
1357. **A viagem do descobrimento** – Eduardo Bueno
1358. **Náufragos, traficantes e degredados** – Eduardo Bueno
1359. **Retrato do Brasil** – Paulo Prado
1360. **Maravilhosamente imperfeito, escandalosamente feliz** – Walter Riso
1361. **É...** – Millôr Fernandes
1362. **Duas tábuas e uma paixão** – Millôr Fernandes
1363. **Selma e Sinatra** – Martha Medeiros
1364. **Tudo que eu queria te dizer** – Martha Medeiros
1365. **Várias histórias** – Machado de Assis
1366. **A sabedoria do Padre Brown** – G. K. Chesterton
1367. **Capitães do Brasil** – Eduardo Bueno
1368. **O falcão maltês** – Dashiell Hammett
1369. **A arte de estar com a razão** – Arthur Schopenhauer
1370. **A visão dos vencidos** – Miguel León-Portilla

lepmeditores
www.lpm.com.br
o site que conta tudo

IMPRESSÃO:

PALLOTTI
GRÁFICA

Santa Maria - RS | Fone: (55) 3220.4500
www.graficapallotti.com.br